年代記《クロニクル》　制作の共時性・通時性

00. まえがき

かつて、「そうだ！建築をやろう」と名付けて本を著した。札幌生まれのぼくが東京で学校を終えてから、アメリカに渡ってさらに建築設計の事務を経験し、その後世界のあちこちで建築を学んだ後に自分でアトリエをもつまでを書いたものだ。それは未だ自分で仕事をする以前のはなしだった。

日本に戻ってから自分自身のアトリエをもった。しかし、それからが大変だった。自分に仕事を依頼するひとが現れるまでが、実に長かった。建築家の場合、ほかのアーティストと違って自分の金で作品はつくれない。

特定な人からの仕事の依頼にはそれぞれにドラマが残る。そのドラマを忘れ去ることはできない。いろいろな作品を介して出会った人々、とりわけその建築の依頼者の周辺の状況がぼくにとっては貴重である。その思い出はいつまでも忘れられない。そうした思い出は、不思議なもので歳を取るとますます冴えてくる。ならばそのような思い出を書き残そう。そんな思いからこの本を書き始めた。

どんな建築の制作にも一旦それが建築のことばとして成立すると、共時性と通時性の側面が生まれる。自分の作品をいくつか年代順にとりだし、そのなかにこうしたことばの側面がどうなっているか自己分析したものとも考えている。この自己分析を編集するに際して、大変長いこと鈴木紀慶君のお世話になった。それがなければ実現できなかった。心より謝意を表したい。

平成25年9月

目次

01. 味覚とデザイン：桂邸

建築家は誰しもそうだと思うが、自分にはじめて仕事を依頼した人物のことは、いつまでも忘れることが出来ないものだ。ぼくの場合、この最初の依頼主との出会いは実に奇妙な巡り合せからだった。

ぼくがデンマークに滞在中のときのことだったから60年代、相当に昔のことだった。この北の小国で、当時地元の建築家のアトリエで仕事するかたわら、時折日本から来訪するいろいろな人物に遭遇する機会に恵まれた。多くの場合、それらの訪問者は日本大使館からの紹介だった。

その頃、この地に滞在している日本人の数は、まだまだ少なかった。さらに日本航空の北極航路が開かれて間もなくということもあってか、ここを訪問する観光客の数は少なかった。ぼくが住んでいた60年代の初めには、日本の航空会社は日本航空だけだったし、ここの空港に乗降する客は確か年間5千人に満たないと聞かされていた。しかもコペンハーゲンは北回り便の玄関口で、乗降客の多くはここからヨーロッパのほかの国に行く旅行者だった。ここを訪問する多くの人たちは、当然のことながら陽光に満ちた夏に集中していたし、その主な目的はここで開催される学会や世界大会などに出席することだった。

例えば、世界老人学会とか脳外科学会などの国際大会などには、必ず日本からその道の著名な専門家とか医者が出席した。そして、こうした会の参加者に対して、この街の案内をするのがぼくの役割だった。また時には在郷軍人の世界大会の場合のように、大会そのものにも出席したこともあった。日本代表から通訳を仰せつかったもので、これはかなり大変な仕事だったが、結構な額の別途収入が期待できた。

余談になるが、特にこの大会のことは今なお記憶に新しい。日本からの出席者は元陸軍中将だった人で、あの総司令官ダグラス・マッカーサーがコーンパイプを加えて颯爽と日本の空港に降りたとき、最初に握手の手をさしのべて出迎えた日本人がこの将軍だったということで、ぼくもこの映像には何度もお目にかかったことがある。なんでもこの人は戦時中、当時の同盟国だったイタリアに留学していて、イタリア語はよく話せるが、英語はかなり不自由していたという。これは本人から聞いた話だから多分本当のことだろう。

こうした学会や国際大会に参加する人たちは、ほとんどグループの場合が多かったが、なかには全く個人で旅行する人もいた。ぼくがお会いしたなかには、著名な画家とか建築家、それに時代物の小説を当時週刊誌に連載していた話題の小説家だったりした。その頃、海外を旅行する人は日本大使館にコネを付けるケースが多かったのだろうか。ぼくは大使館の依頼で、実にいろいろな人物の世話をしたわけだ。

デザイン事務所を開いたときの、ぼくの最初のクライアントとなった桂洋二郎氏（故人）にお会いしたのはちょうどその頃だった。彼も大使館から依頼を受けた観光希望者の一人だったのだ。

一見して体格の大きくて恰幅のいい人だった。同時にどこか人懐かしさに溢れた印象をあたえた。初めてお会いしたとき、ひょっとするとこの人はデザイナーではないかとさえ思えた。なぜなら、自分の旅の目的に触れる前に、デンマークのデザイナー、とりわけ家具のデザイナーのこととか、彼らの作品のことを片端から口にして、それに対していちいち自らの感想を申し立てたからだ。日本からの旅行者でこんな興味をみせるとは、ぼくにはとても考えられなかった。さらにぼく個人にもいろいろな質問を浴びせた。まるでここに何年か滞在している、ぼくの専門的な知識を調べあげているような感じさえした。

やがて時間が経つとともに、この人はレストラン・オーナーであることが判明した。すでに東京のあちこちで何軒かレストランを持っていて、近い将来赤坂に新しい店を開店する予定だそうだ。実はそこにいれる家具をすべてデンマーク製で統一したく、それらを選ぶためにわざわざここまで来たのだと聞かされた。すでに所有している店は「シャブシャブ」が主体の和食堂だが、新しくつくるのはフランス料理店で、そのインテリアは北欧調でイメージしているそうだ。その他にケーキやカレーライスの専門店も何軒かすでに経営しているとも聞かされた。

われわれ二人は実に熱心にいろいろなショールームをみて廻った。著名なデザイナーのショールームとか家具専門店などはほとんどカバーした。もっともこの人は、事前にいろいろ調べあげていて作家や作品に精通していたから、実物を見るのは自分のイメージを実物の上で確認するためのようでもあった。

何日か過ぎて、彼が選定した作品を購入する時がきた。相当数の点数に及ぶ家具を購入して、あっという間にその代金の支払いを終え、さらに輸入の手続きも済ませてしまった。たとえ東京で関税を支払っても、この方が日本の代理店経由で購入するよりもはるかに安いのだと説明してくれた。大使館の人がいろいろ手続きを手伝ってくれたようだった。こうした抜群の行動力に富んだこの人との出会いは、ぼくの記憶にいつまでも残り続けたものだった。

やがてぼくはデンマークを引き払って帰国し、東京で自分のデザイン事務所を開いた。ちょうどオリンピックが開かれた1964年のことである。

その頃桂氏の赤坂のレストランはすでに完成していて、招かれてそこを訪ねる時がきた。場所は赤坂の一ツ木通り沿いの角地にあるテレビ会社のビルの広い地階だった。建物前面にある広場から赤いカーペットが敷かれた幅広の外階段を地下に降りると、明るい大きなホールに導かれた。殊の外、ここのグラフィックが洒落ているように感じた。そこの地下のホールを囲んで、桂氏が経営するいろんな店舗がずらり、和風しゃぶしゃぶ店のほかにカレー専門店、ケーキやアイスムリーム店もあったが、メインは新しくつくられたフランス料理の店だった。

このフランス・レストランのフロントのカウンターは花崗岩で出来ていて、その後ろの壁には大きな、長辺で3mはある、楕円形の木枠に嵌った鏡が設置されていた。後日、これは柳宗理さんのデザインと聞かされた。店の内部は幾つかの部屋に分かれていて、何れも木のフローリングと濃い木目調の壁が目を引いた。照明は何れもデンマーク製の器具で、白熱灯の暖かい間接照明の光だった。そして彼がデンマークで直接買い入れたテーブルや椅子がふんだんに使われていた。まるでデンマークのどこかに舞い戻った感じが溢れていた。

東京でオリンピックが開かれた64年ころは、日本の現代デザインはまだまだ世界に通用する手がかりが与えられていなかったようだ。その折、飲食店でこうした集客の方法をとることはかなりリスクを伴っていたと思われる。しかしそのリスクを承知で、あえて冒険を試みたのはこの人の造詣の深さだったのだと思う。つまり、デザインが好きで堪らないという彼の感覚の成せるものだった。この人こそ、レストラン経営において世界に通用する近代デザインをもって集客力の源とした最初の人といっても言い過ぎではないだろう。

それから2年くらい経ったある日、突然彼から電話を受けた。彼が住む「自分の家の設計を頼む」といってきた。敷地は世田谷の瀬田だという。

その頃、ぼくは海外生活を切り上げて帰国したばかりだったので、都心に近い神宮前に小さなアパートを借りそこで生活し，昼間は同じところで、仕事もしていた。

初めの頃は彼のレストランで打ち合せをすることが多かったが、設計が進むにつれ、やがて大きな模型が出来上がる頃には、わざわざぼくの仕事場に彼が足を運ぶ機会が増えてきた。

ぼくの事務所に彼が現れる時は、不思議と午後遅く、むしろ夕刻に近かった。自分の経営する各店舗を一旦オープンすると時間の余裕が出来るというのが彼の説明だった。そして彼が来るたびに必ず「お土産」を持ってきてくれた。それは彼のレストランから食事の出前だった。多くの場合、それは自分で経営していたカレー専門店のものだったが、味は抜群だった。実にその味はいまでも思い起こすことができるほどだった。

さてデザインだがいろいろなスケッチを繰り返す末に，案が決まった。最終案は大きな庭を持った2階建ての鉄筋コンクリート造

桂邸　1968

に落ちついたのだ。中央部の地下には秘密の部屋を希望された。そこはこのレストラン・オーナーが独自の味覚を秘かにつくり出す秘密の部屋だった。特にシャブシャブのタレにはその店独特の味加減が必要で、その絶妙なイングレディアンスを外に知られたくなかったようだ。

住宅の2階は寝室で、先ず子供部屋が二つでそれぞれの部屋にテラスが用意された。またゲスト用の部屋と夫婦の寝室もできた。この周辺には未だ高い建物は何もなく、内部からの外への景色も良かった。つまりそうした立地をエンジョイするために大きなテラスを四隅にもった訳だ。テラスにはデンマーク製の屋外家具が用意された。

犬好きの奥さんは、その頃は趣味が講じて、いわゆるブリーダーの仕事をなさっていた。8カ所つくった犬小屋はエアコン付き、その一つひとつが何んとぼくが寝起きしていたアパートより大きいかった。なにか不思議な気分だったが、ぼくはその現実を受け入れざるを得なかった。

案の定、家の内部は至る処にデンマーク調が要求された。いつの間にか、そのための椅子、ソファ、カーペットが用意されてあったし、またインテリアにふさわしい照明器具などもすでにいろいろ購入されていた。圧巻はPK（ポール・ヘニングセン）のデザインした食卓だった。これは円形で普段は8人掛けで使うが、円周部を大きくして直径を増やすと16人も掛けられることになる。直径を増すためには自然石の甲板が合計8枚使用された。それは普段は綺麗なラックに治まって食卓の脇に置かれる。ぼく自身、そうした大きな食堂を大使館などを除くと、今まであまり経験したことはな

桂邸 1968

かった。

家具に加えて色とりどりの日用品が備わっていた。

この人の感覚の鋭さはさすがだった。一部始終を統一したいといった感覚に溢れていた。例えば、扉の金物とか電気用品、さらに水道廻りの蛇口までそれを徹底させたのだ。その時代は、コンセントとかスイッチなどのデザインがまちまちで、いいものがなかなか揃わなかった。そこでぼくは知り合いを通してデンマークのカタログを取り寄せ、それで直接購入した。もっともＴマーク（逓信省安全公認マーク）がなかったので正確には違法だったことになる。

こうした彼の徹底ぶりは、恐らく彼の味覚と職業とは無縁ではなさそうだ。つまり料理の世界ではなんと云っても全体の味の統一性なのだ。そこではどんな小さな異物でも全体の調子を崩すことは許されない。この人こそデザインを味覚と同次元で把握することに正当性を貫き通したことになるだろう。

完成してから何度となくそこを訪ねた。桂さんの住宅では住み手の息づかいが隅々に生き続けていた。それを可能にした最良の方法こそが、彼が好んだデンマーク・デザインだったといえるだろう。それはまさしく彼の感覚の中に大きな潮となって生き続けていたように感じられる。住み手の息づかいが認められる住宅こそが生きた空間となるのだろう。

02. 消えた二つの家：島田（S）・別当（B）邸

建築の情報を扱うさまざまな専門誌がある。専門誌だから本来的には専門家のあいだに情報を流すためのものであって，もともと同人誌のようなものだったようだ。一般の人は滅多に目を通さないのが通例のようだ。加えて建築家の綴る文章はもっぱら一般性を欠いていて難解なので、むかしから評判がよろしくなかった。にもかかわらず中には物好きな人がいて、それらを購読している人もいたようだ。

いつの間にか建築家という職能のイメージが社会的に定着し始めてくると、その関心の対象が建築から離れて独り立ちする場合も出てきた。その挙げ句、その建築家の顔や名前は知られているが、作品のことはそれほど知られていない場合も出てきたほどだ。

そんな時代に一般誌、しかも色付きの画像をふんだんに使った写真中心の雑誌に、ぼくの設計した住宅が掲載されたことがあった。そのビジュアルな雑誌は良く知られていたが、ぼくは毎月見ることはなかった。たまたま歯医者の待合室や床屋などで、その豪華な印刷に感心させられていた。

それから間もなくのことだった。この色付き一般誌でぼくの住宅を目にしたというS氏から電話をいただいて、ぜひ会いたいと云ってきた。記事だけでは、いろいろと判らないことがあるから、それを設計者に直接会って聞き出すというのが、このひとが口にした面談希望の理由だった。

電話口では声が溌剌としていて、若さを感じたから、せいぜいぼくと同世代くらいではないかと予想していた。しかし実際にはもっと熟年の実業家だった。いろいろと話し合った末に、この人が現在居住している元麻布のお宅を拝見することになって、そこへぼくが出かけることになってしまった。

その頃ぼくは南青山の小さなアパートに住んでいて、東京の青山あたりにはそろそろ馴染んできたとはいえ、麻布の辺りはほとんど知らなかった。ましてやぼくが生まれ育った札幌の街の風景とそこは全然違ったものだった。

その昔、札幌から東京に出てきたのは1952年の春、大学入学のときだった。そのころ札幌と東京間の「距離」がぼくにとって、今よりはるかに大きいように感じていた。もっぱら鉄道だったせいもある。さらに、この二都市間の往来は、「環境の非可逆的」とやや大袈裟に形容してよいほど違っていたのだ。ぼくにとっては、北海道に帰省するより、上京するほうがはるかに大変だった。札幌から東京への移動をたとえるなら、それは大平原からジャングルへの移動だった。東京の密度、とりわけ人間の密度や細分化されたスケールは、ぼくの方向感覚を麻痺させた。つまり、それは人間生活の密度が織りなす風景の違いだった。明らかに下り列車で北海道に向かう方が、ぼくのこころが弾むほどだった。逆に東京に向かう列車の車窓風景には、東京に近づけば近づくほど堪えられなかったのだ。沿線にあるせせこましい建物の姿ばかりではなく、その混みいった密度に気が滅入って堪えられなかったのだ。それを年に4､5回、帰省の度に繰り返し経験した。もちろん飛行機はあったが、当時のぼくには高くて利用できなかった。

麻布界隈の風景も所詮東京の他所と同じだったが、それでもここには幾分救いがあった。住まいの棟ごとの間隔に余裕があって、そこはなによりも常緑の樹木で覆われていた。それが町並みにある種の潤いをつくり出しているように思えた。それが快適さをつくり出していて、何度かこの界隈に通ううちにますます実感が湧いてきた。

当時のS氏の住まいは木造2階建てで、東側の前面には車の置ける空き地みたいなものがあったが、敷地の西側はほとんど傾斜地でそこには雑草が生い茂ったまま放置されていた。10m程下がったところの隣地には、中学校が建っていて校庭で遊ぶ元気な学生たちの笑声が聞こえていた。要するにS氏の家の敷地は半分以上が傾斜地で、それは無駄にされたままの未利用地ということなのだ。

この傾斜地を何とか活せないか。ぼくが現場で思いついたことだった。ぼくはこの傾斜地の上部を建築空間として利用し、逆に現在建物が建っている東側の部分をテラスにする提案を持ちかけ、それを案にした。間もなく結婚を予定している息子さんの住まいも日当りの良い3階建ての住宅に一緒にまとめ、東側にくるテラスのさらに東側には駐車場も用意した。

この敷地の北側には広大な緑の庭と木造の一軒家があって、こちらの住宅からは、まさに自分の敷地の延長のようにも見えた。麻布ならではのこうした状況を、できるだけ取り込めないかと考えた。あまり大きくない開口部を2階の南側に設けた。つまりそのことでとなりの緑の庭が良くみえた。だからといって先方には一切迷惑はかからないはずだった。

図面が進み、やや大きなスケールの模型が出来た頃だったと思う。ある日、S氏がやや真剣な面持ちをして、ぼくに南側の隣家B氏宅に同行するように求めた。それは突然の出来事だったので，はじめぼくは様子を呑み込めずにいたが、あるいは近隣への説明ぐらいだろうかと気軽に考えていた。模型と図面で一通りの説明を済ませたあと、無口なＢ氏の口が明るく開いて彼自身の家の設計も同時に進めて欲しいという依頼を受けた。

Ｂ氏の家の建つ敷地の現状もＳ氏と全く同様に西側斜面をぜんぜん利用しないまま放置していたのだ。われわれが計画したＳ氏邸を見て、Ｂ氏もそれがとても気に入ったらしい。あるいはぼくに会う前に、この隣人同志がいろいろと話し合いの機会を持ったのかも知れない。何れにせよ、こうしてぼくはＢ氏の新しい家の設計も同時に始めることになった。

月日が経過し設計が進みそして施工業者も決まり、やがて工事もほぼ順調に進んだ。もちろん工事につきものの難関もいろいろあったがそれらを乗り越えて、やがてこの二組の依頼主が満足できる結果が生まれた。なによりも両者が満足したのは、新しい住まいの居住面積が以前より大きく広がったことだ。ぼくの提案した西側の傾斜面が有効に利用され、日の当たる東側に大きなテラスができたことだ。そして、それぞれが満足し、挙げ句両者の近隣関係は今まで以上に緊密なものになっていった。

それを見込んでか、ぼくは幾つかの案を仕込んでいた。とはいっても両者に内緒につくった案ではなく、いずれも事前に了解を得ていたのは当然だ。

たとえばこんなことがあった。

Ｓ氏の生業は石油の卸販売で、事実都内でガソリンスタンドを幾つか経営していた。そんなこともあって、新しい家の暖房源を石油

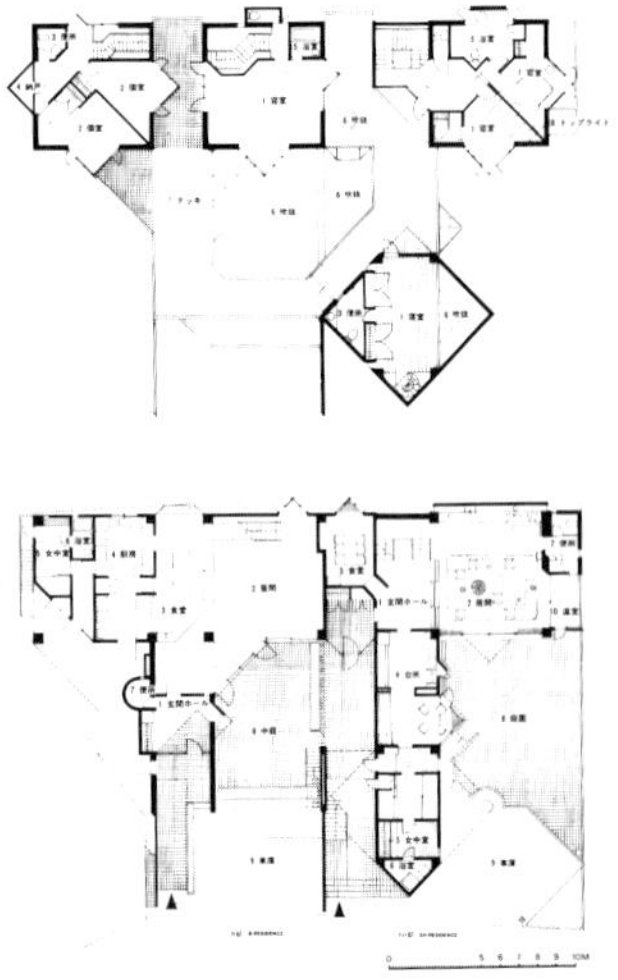

連帯住居（島田・別当邸）1971

にし、そのタンクを両家で一つにしぼり、その共有物をS氏の駐車場の地下に埋設した。もちろんこのことにB氏は大喜びだった。

土地の有効利用を一層高めるため、両家の間の仕切りを共有することをぼくは提案した。隣棟間隔をなくすればそれだけそれぞれの家の間口が広がるわけだ。両者は喜んで受け入れた。

それぞれの家族には子供たちが何人かいて、新しい家が完成するとそれぞれの家族の関係は以前より一層にぎやかになったと聞かされていた。事実、S家の長男は間もなく声楽家と結婚して両親と同居する予定だったし、B家の音楽好きの長男は家で時々ドラムを叩くが、互いの交流が深まるとその打楽器の音を隣家のみんなはそれほど気にしなくなったそうだ。子供たちの関係はますます親密さを加えていったように感じられた。

子供たちは、それぞれの友人を家に招いてよくパーティーをしたようだ。子供たちを介して両家は親密さを増していった。

しかし、やがてこうした近隣関係は思いがけず破局の方に展開していった。その原因が何なのか、ぼくは一向に理解できなかった。しかも一旦崩れるとどうしようもなくなってしまうものだ。

B氏家族はもともとくすぶっていた夫婦関係が原因で崩壊した。それが一切の始まりの一つだったようだ。つづいてB家の親子の関係もこじれてしまった。一方S氏の若夫婦には双子の子供が生まれ、二世代の住まいが上手くいっているようだったが、孫の成長とともにそれぞれ独立を求めた。結果として、隣りに住むS家とB家との関係は冷えきったものになってしまった。

ぼくは両家の設計の最中に、こうしたことが起こるなど全く予想もしていなかった。こうした正から負の世界に変わった隣人関係は、

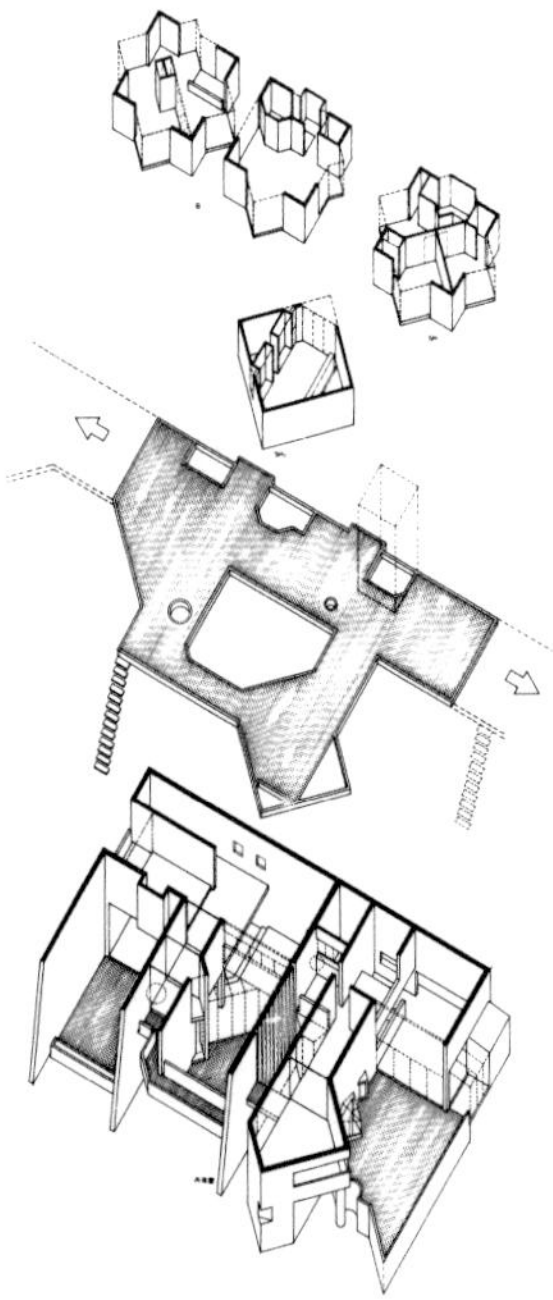
連帯住居（島田・別当邸）1971

連帯住居（島田・別当邸）1971

一体ぼくの提案した空間や住まいの仕掛けのせいなのだろうか。当初からそうした成り行きを見込まなかったのは誤りだったのか。

一般的に考えると、人の集団と住まいの集合の関係には文化の背景で違いがある。国や地域の文化で違うのは当然だ。

集団化の違いを大きく縁的（kinship）と契約的 (contract) の違いに分けて考えるのはそれほど誤りではないようだ。アメリカのある社会学者が日本の場合をいろいろ調べそのユニークさを指摘し、それを「縁約的」(kintract) と名付けている。これは辞書にはのってない造語である。臨機応変に、ときには縁的になり、またある時は契約的になって，定型をもたない独特の集団形成を指摘したかったのだとおもう。まさにぼくが設計した二つに家族の人間関係はこうだったのかも知れない。

いずれにせよ、ぼくが手がけたこの住宅では両家族の関係が正から負の世界に激変したことは事実だった。

幸か不幸かこの住宅はもはや存在しない。約 20 年間麻布に存在していたこの住宅は開発業者のさらなる経済効果の作戦に下ってしまったのだ。両家はともにそれぞれの土地を売り渡して、その後には容積率いっぱいを利用したマンションが建ってしまった。それとともに S 氏の北側の広い緑の庭もなくなり、ここにも低層ながらマンションが建ってしまった。

あの何処にもない（ぼくの目にはそう映った）麻布界隈の独特な土地の香りは、ここに親密な隣人関係を営んだ両家族とともに、何処かにいってしまったのだ。

03. 新宿歌舞伎町：一番館・二番館

ぼくが5年間にわたって日本を離れていたその時期は、ちょうど日本が高度成長期にさしかかった頃と符合する。それは政治の嵐をもたらした暗雲から徐々に抜け出し、経済の力をつけて日の当たる高度成長期にさしかかった時だった。その変換点のエポックの一つが東京オリンピックで、それが東京で開催された年に、ぼくは東京に舞い戻ってきたことになる。あれはもうすでに半世紀も昔のことだった。

久しぶりに見た東京は、どこへ行っても工事中だった。アチコチで見かけた建設の数の多さにまず驚かされた。それは今なおぼくの記憶に生々しく刻み込まれている。ぼくは帰国してみて日本や東京のあまりの成長の早さと、それがもたらした変化の姿におののいた。その当時は、日本をある期間不在にしたらアッという間に取り残され、そのギャップを取り戻すのに、不在にしたのと同じ年数を必要とするなどと云われていた。ぼくの場合も、まさしくその通りだったのかもしれない。たしかにぼくは帰国した後の5年間は、なにも手につかず、ただ茫然としていたと言っても言い過ぎではないかもしれない。

そんな時に、新宿の歌舞伎町に「バー・ビル」の設計をやってみないかと誘われた。

帰国早々にぼくは自分のデザイン事務所を立ち上げたが、ほとんどなにも依頼されぬまま、細々と建築以外のデザインの仕事をつづけていた。ぼくには日本で大きな組織事務所とかアトリエといったところで勤務した経験が全くない。一体どんなところがぼくに仕事を依頼するのか皆目わからないまま、何年かが過ぎた。その間、何故かインテリア・デザインの仕事を依頼されるようになっていった。ほかの建築家の紹介がもたらしたのだが、銀座とか赤坂など、仕事の場所が面白かった。業種はもっぱら飲食店とか店舗などが多かった。依頼者の決断は早く、また現場の仕事もスピードがあった。もっとも出来上がったものも、長く続くことはなく、たった2、3年で消失したり営業形態が変わったりした。こうした仕事を通じて商業主義のスピードの早さに、ぼくはあらためて驚いたものだ。

赤坂に喫茶店を依頼された依頼主から、今度は新宿歌舞伎町にビルをやってみないかと誘われた。ビルといってもバーとかナイトクラブなどだけにしか貸さないテナント・ビルのことだった。あまり経験がなかったのでその種の機能をぼくはあまり理解できなかったが、夜のビジネスが中心なのだということは分った。なんといってもぼくにとっては仕事の場所が面白かった。

新宿歌舞伎町といえば、その昔通っていた学校が近くにあったせいで、以前はよく酒を飲みに出かけたところである。ぼくは学部と大学院とさらに助手の時代を含めると、7年から8年間も同じ早稲田（といっても新大久保の新校舎ではなく昔の大隈講堂のある戸塚）に通っていた。新宿の飲み屋街に通ったのは、特に院に通っていた時以降だった。当時は大学院の同級生といっても、デザインで5人しかいなかったので仲間も小さくまとまっていた。だから何かにつけて、酒を飲みにでかけたものだ。そして飲む場所はほとんどが何故か新宿だったし、同じ新宿でも歌舞伎町あたりが学校に近く、しかもその頃は安い飲み屋ばかりだった。

一番館・二番館　1969-70

助手の時代は研究室で遅くまで仕事をして、それからここへ皆で飲みに出かけたりした。いつの間にかそれが習慣のようになっていった。出かけるときにはまだ電車があったが、飲み終えた時には電車がもうなかったので、朝まで飲み続けるか、深夜に戸塚まで歩いて帰るかの何れかだった。仕事が忙しくなってくると、何日間も下宿に帰らないで済ませる日々が続いたものだ。飲む以外に何がぼくらをそこへ誘ったのか、今考えると不思議なくらいだ。

ところで、同じ歌舞伎町でもその時分は今とかなり様子が違っていた。

今の靖国通りの北側にはコマ劇場の周辺くらいまでしか店舗はなく、飲み屋街といっても飲むところもあまり数は多くはなかった。この一帯はまだまだ住まいが多くて、夜は静かだった。区役所もまだここにはなかったし、もちろん西武新宿駅の駅舎もなかった。たしかここらあたりは三光町とよばれていた。職業安定所はあったし、職安通りという通称もすでに存在していたし、そこを行き交う人たちのグレイな姿が今でも印象に残っている。

現在区役所の建っている区役所通りを北に進み、職安通りに出る少し手前のＴの字の交叉点に面してぼくの計画する敷地があった。この周辺はほとんどが灰色の民家ばかりのように記憶している。日が落ちても周りには目立った明かりはなく、南の方、つまり駅の方を振りかえってみると、いろんなネオンや店舗の照明がにぎやかに見えていた。この時期ここにバーやクラブだけのビルをつくっても客が来るかどうかが疑わしかった。逆にみると、南の駅周辺に展開する客の集まりをどのようにここまで誘導するかが、この商売を成立させる決め手だったようだ。

二番館 1970

敷地や周辺の街をいろいろ観察しているうちに、二つの建築のデザインの原型がぼくの中に自然にできあがっていった。喩えてみると、木に果実が自然に実るかのように当たり前のようにできあがった。それはまたたく間に設計図にまとめられ、施行業者が決まり、工事があっという間に完成した。そして、それぞれ「一番館」と「二番館」と名づけられた。

一番館はすべてテナントビルで小さなバーやクラブの経営者が集まった。この種の他の建物にくらべて家賃が比較的安かったせいだろうか、またたく間に一杯になった。一番館の外観は新宿駅周辺からでも認められるようにと何かアイキャッチングなものが求められそれに対して、ぼくの案は黒ベースに白のストライプを入れることに落ち着いた。エレベーターシャフトを出来るだけ道路際に持ち出して建て、それがランドマークになると期待した。

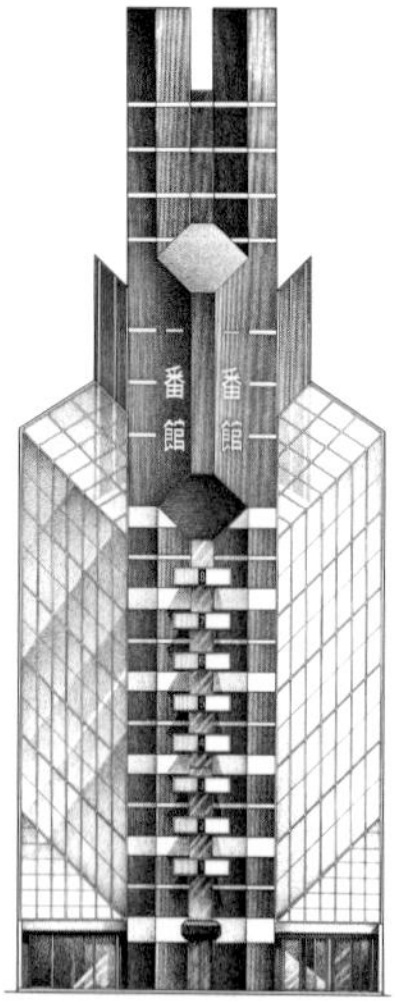

一番館　1969

これに対して二番館はいわば自家営業で、ぼくのクライアントが自らいろいろな営業を営むことになった。麻雀やその他のゲームセンター、さらにサウナやマッサージの店に加えて、活きつくり専門の和風割烹やナイトクラブも３種類ばかり出来た。外側は二番館の場合には多彩な色を使うことにした。いろいろ試みた末、最終的には粟津潔にお願いすることになった。何度かスケッチの後に案が決まったが、このスーパー・グラフィックの案はこの環境には異様だった。

事実、この建物の写真を海外で見せると共通して浴びせられる質問の一つは「近隣の住民が良く認めたな？」というものだった。ここは「夜の街」なのだと説明しても、なかなかこの歌舞伎町界隈のことは伝え切れなかった。確かにこうした夜のエンターテインメントは、その頃ほかの国ではめったにお目にかかれなかったことは事実だった。

こうした建築のデザインは、ぼく自身の次のような経験と敷地の見方が、なによりもその下地になったのだと思う。つまり、それはぼくの実感主義の産物だった。

何年か日本を離れ、久しぶり東京に戻ったぼくには、新宿にはおおよそ三つの地域があると思われた。その根拠があまり確かではないが、観察を繰り返した後にぼくは直感的にそう感じていたのだ。

まず古くから人の往来が絶えない、駅から新宿伊勢丹あたりにかけての山手線の東の一帯で、靖国通りの南側だ。ここには「新宿らしさ」がまだ隅々に残っていた。それに対して，駅の西側には新しい顔ができつつあった。新しく開発が進む西新宿で浄水場の跡地だ。そこにはまだ超高層ビルは、せいぜい京王ホテルしか建っていなかったが地域のマスタープランはすでに決まっていた。このマスタープランはまさに都市計画の教科書通りで個性など全くない代物だった。もちろん都庁舎の移転の話はもっと後のことだった。

この二つの顔の違いは歴史的な推移がもたらしたもので、そうした新旧の違いは世界のほかのどこの都市でも見受けられる。

古くから開けている東側の一帯には、昔からの保存されている都市性があって、そこにはかなり日本の都市の特異性が認められる。一方、西側に展開している開発計画はまさにモダニズムの権化だった。それは日本以外のほかの国ではどこでも見られる、新しい都市デザインの手法が下敷きになっていて、合理性を求めたあまり何の香りもない界隈が環境化したものなのだ。

歌舞伎町はどうか。これら新旧の顔の何れにも属さない第三の地

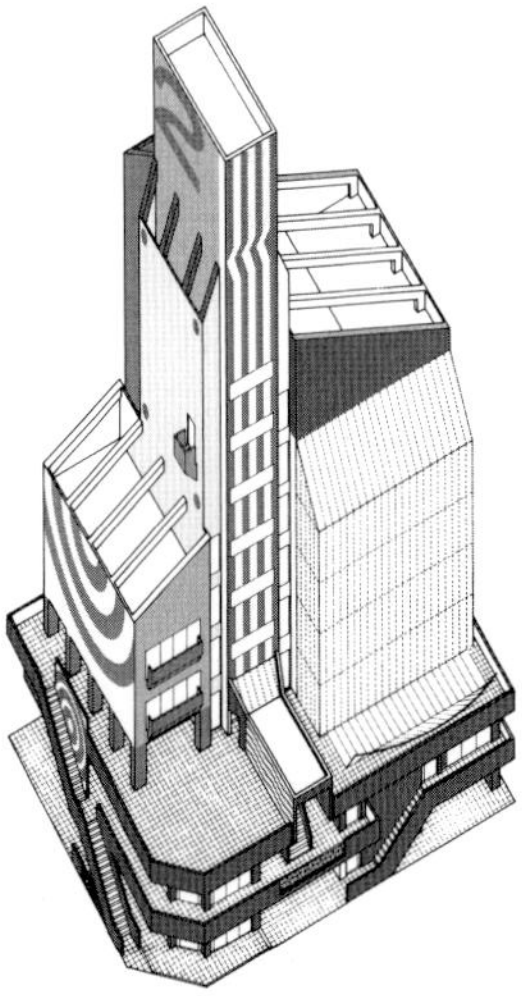
二番館 1970

域なのだ。そして、ぼくの取り組むべきこの街には、何かここ独特のものがあって不思議とそこには、ほかでは味わえない妙な「静けさ」を感じることできた。

そういえば数年日本を離れて舞い戻った直後、ぼくは自分を取り戻すべくあちこち旅をした。むかし東京で自分の住むための下宿を求めて、あちこち（と数え上げてみたら16カ所も）移り住んだ。同じ東京の中でも下町から山手へと歩き回ってみた。かっこ良くいえば「原風景」を探していたのかもしれない。しかしどこに行っても、その土地の固有性がもう感じられなく、大きな失意を重ねた。それがなんと、こんな近くの歌舞伎町には何かがあった。ここの滅茶苦茶な環境がつくりだす視覚の世界に、「ここならでは」の何かがあった。それが「静けさ」だった。

話しが変わるが、ちょうどその頃、ヴェンチューリの『建築の複合と対立』という本の邦訳が日本でも出版された。（1969年／美術出版社：松下一之訳）これはもともとアメリカで発表された評論集で、モダニズムに対する半旗を掲げたものとして歓迎されていた。

同じ「複合」と「対立」といっても、日本のそれはこの国の文化的背景を考えると世界、いやアメリカとは大いに違うとぼくには思えていた。同じ矛盾といってもでもまだまだ文化や社会の違いによって大いに違う。

確かに歌舞伎町界隈は、視覚の世界で見るかぎりでも矛盾に満ちていた。しかし、この矛盾の中にこそ何か静けさと落着きを感じることができたのだ。それは何故かと探る以前に、とにかくぼくの感性がそれにポジティブに反応した。

町並みを良く眺めてみると、それはまるで無法地帯のようだ。建築基準法ではまだ容積率の規制はなかったが、建ぺい率や斜線による高さ制限はあった。それは一応守られていた。しかし、いろいろと運用段階で誤差がうまれた。たとえば、ぼくの手掛けた一番館では完成後2年経ったら北側に残してあった空地には別の建物ができていた。それは敷地全体の30%に当たる部分でもともと駐車場として申請したものだったが、それを売り飛ばしたことを意味する。もちろんぼくの依頼者は初めから違法なものを望んだわけではなかった。

この一帯の町並みは全体の秩序付けからできたのではなく、隣り同士の互いの利益から生まれていて、そこには何らかの節度または自己規制のようなものが働いている。それぞれに自分の利益を最大限に求めるが，すぐ隣りを侵すことは御法度なのだ。そうした近隣関係の節度みたいなものが、この界隈の都市性の遺伝子になっているように考えられる。

この一番館と二番館のデザインでは、それらの表現がいかに異様であっても、あくまでも近隣の土着的な節度も守り、遺伝子を注意深く侵さぬように意図されたのだった。

04. 渋谷界隈：109

仕事の依頼主とはじめて会うとき、いつもぼくは緊張する。果たして相手はどんな人物なのだろう。一体どういう種類の仕事なのか。お会いする前、そんなことにいろいろと思いを巡らせたりする。この「109」の設計の仕事の場合にも予測は全くできず、それどころか、むしろ途方に暮れていた。なぜなら、この建物の現場では既に工事用の囲いが出来ていて、外からは工事がとっくに開始しているように見えていたからだ。

この仕事の依頼主である東急百貨店の関係者とのはじめての打ち合わせ場所は、本店の最上階にあるレストランと決まり、ランチをとりながら話し合いをするということになった。相手の人はつい最近までこの百貨店の本店長をされていた方で、現在はこの計画の最高責任者だということだった。

その日、ぼくはいつもと違ってスーツにネクタイを着用して出かけた。

これは自分ながら日頃あまり馴染めない格好だった。不思議なことに、その日着た服の記憶は今もはっきりしている。着用した夏服が、なぜか今でも自分のクロークにぶら下がったままなのだ。その日のことを今なお鮮明に記憶しているのは、恐らくこの服のせいかもしれない。

この最初の打合せの 2、3 日前に、たまたまぼくは新宿の伊勢丹を訪ねた。

幼なじみの知人がここの本店長に就任したということを知らされ

て、その彼の職場を拝見するのが目的だった。「就任祝いに何か買うよ」と提案したら、ぼくのやや貧相な普段着姿をみて紳士服がいいと彼は勧めてくれた。彼の提案をのんで、ぼくは薄手のコーデュロイの淡いクリーム色の上下一着を手に入れることになったのだ。季節は初夏だった。自分の服を買うなんて、全く久しぶりのことだった。

そして東急でのビジネス・ランチの席で、伊勢丹で求めたこの服をはじめて着ることになった。打ち合わせは大成功だった。今でもそれはキチッとしたこの服装を着ていたせいだったと思っている。

打ち合わせを終えて、この仕事の内容がはっきり見えてきた。

設計の確認申請はすでに下りていて、工事が順調に進んでいたのだが、企業グループのトップの至上命令で、地上階のデザインのやり直しが必要になったのだそうだ。すでに進んでいる地下階の設計内容を活かして地上の公道に面した部分をもっと“魅力的なもの”にやり変えるというのが、われわれの主な役割ということだった。

今まで、いろいろと複雑な経緯があったに違いないし、さらにこれからもさまざまな困難が予想されたが、ぼくはひと先ずこの仕事のオファーを引き受けることにした。

この敷地には、ぼく自身の昔の思い出がいろいろ貼り付いていた。

とはいってもここに恋文横町が全盛だったという戦後まもなくといったそんな昔のことではなく、それよりかなり後の時代である。渋谷の富ヶ谷に住んでいた学生の頃、ぼくは通学に際してここの敷地の前をよく歩いて通っていたのだ。今から考えると、それでも、もう半世紀も昔のことだが、ぼくの通っていた早稲田大学のある高田馬場駅に行くために、ぼくは家から一先ず渋谷駅まで歩いてそこから山手線、あるいは当時明治通りを走っていたトローリーバスに乗り換えた。高田馬場駅には行かず、時には茅場町行きの都電で日本橋まで行き、そこでしばらく道草をして、また都電を乗継ぎ、護国寺経由で早稲田までいったこともあった。日本橋の交叉点には、「はいばら」という名の紙屋さんや馴染みの喫茶店、さらに丸善の大きな図書売り場などがあって、その結果、ぼくの道草は時には長時間に及んだものだ。

もちろん学校まで一番時間のかからない行き方は、住まいから最寄り駅である代々木八幡まで歩き、そこから新宿経由で山手線に乗り換えることだったが、それよりぼくは渋谷駅まで歩いていく方が、いろいろ発見があって、面白かった。だからこのコースをもっとも好んでいた。

富ヶ谷から山手通りを横切ってまもなく、将棋の名人戦が開かれるので有名な割烹「初はな」の前を通るやや傾斜した狭い道路にでた。そこから現在、東急百貨店が建っているところまですぐ歩けた。(そこには「大向小学校」という名の学校があった）そこで道が駅前通り（本店通り）につながり、それがさらに駅前を通る道幅の広い道玄坂と交わった。この合流点にある、三角洲の一帯にかって恋文横町があった。

そこから渋谷駅まではもう一息だ。全長ほぼ 2km ほどのこの道を毎日のように歩くのは結構大変だったが、途中でさまざまな風景に接するのが救いだった。だからぼくはこのコースをよく歩いた。

この 109 のデザインの仕事にかかったのは 70 年代の中頃だった。ぼくには、ここを中心とした渋谷の出来事が、凄いものに感じられ

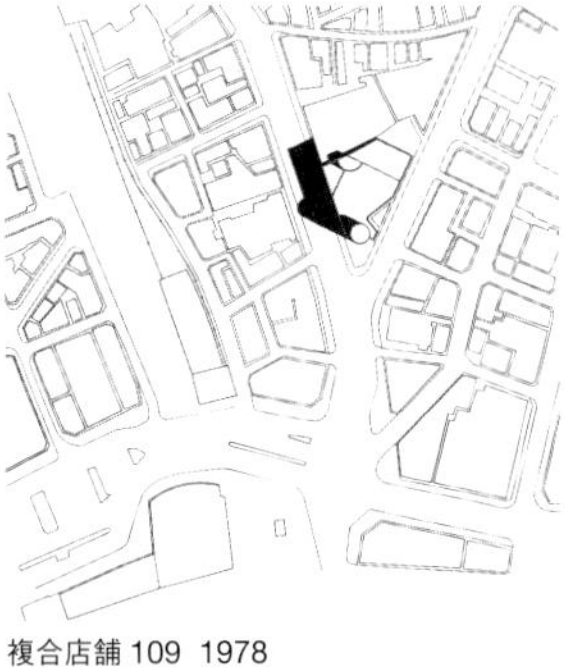

複合店舗 109 1978

ていた。恋文横町はじめ駅前の喧騒な出来事が全く異様に感じられていた。その結果、ここに展開する景観は世界でもあまり類例を見たことさえなかったのだ。

70年代に至るまで、ぼくは世界のアチコチの街の中心部を現実に見てきた。そして何か共通したイメージができていた。しかし、この渋谷界隈の途方に暮れるばかりの異様さは、他の何処にも比べようのないものに思えていた。それはある意味で「衝撃」に似ていた。いま考えるとその「衝撃」が、この仕事の表現を増幅したのかも知れない

その頃、街路風景から読取る意味をもっと重要なものにできないかと呼びかけるつもりで「街路の意味」という小さな本を書いた。また雑誌でそうしたリサーチに取り組む世界の学者や研究者の成果を紹介したりした。対象を広げれば広げるほど、並外れて日本の都市の風景は特異で異様だった。それをときには和辻哲郎のことばを借りて「錯雑不統一」と形容した。そこには日本の都市のもつ、その時代の固有性が確実に読み取れるのだ。

渋谷のここの交差点周辺の景観はどこにも増して、乱雑だった。実際の問題として、この酷い景観の中で、一般の自動車のドライバーが「交通信号をいかに認識出来るか、あるいは出来ないか」ということを真面目に調査している研究者の報告書を目にしたことがあった。この人の研究には「たとえ信号を無視しても、それは人間の注意力の限界を超えていて、それは違法ではない」といったメッセージが暗示されていて、同時にそれはここの景観の凄さを指摘しているとぼくには思われた。

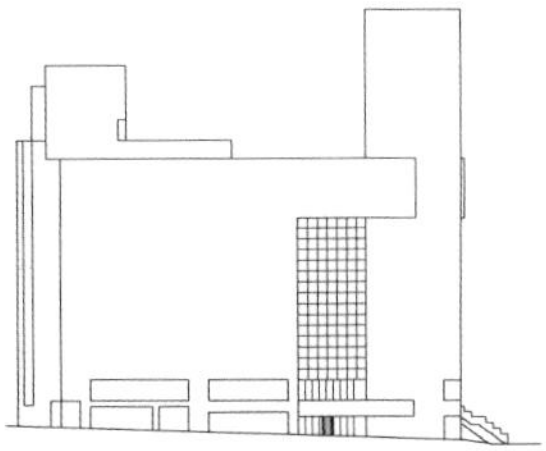
複合店舗109 1978

こうした出来事は渋谷に限ったことではない。現に隣の新宿と比較しても、その景観の不統一ぶりは，どっちつかずと云うべきなのだ。この東京を代表する二つのダウンタウンはいろいろな角度から良く比較されてきた。単純にいえば、新宿は泥臭く、渋谷はちょっとシャレた場なのだ。ぼくは早稲田に通っていた学生時代から、新宿の方になじみがあったせいか、渋谷より個人的には新宿の方が好きだったのは、この泥臭さのせいかもしれない。人の関係がいささか温かく感じられていた。あるいは､曖昧だが「秩序」と「不秩序」の奪い合いの戦歴が、渋谷より激しかったといっても良いかも知れない。

商業主義の戦場としての渋谷は単純でわかりやすかった。敷地の周辺には､西武と東急の商圏がぶつかりあい､互いに嵐を呼んでいた。

その頃、敷地に隣接して緑屋があったが、われわれが設計する新しい建物の地上階の各階の高さを、そこと同じにしたいというクライアントの要求だった。将来そこを買収して売場を増やせるようにしたいといった魂胆があったのだ。しかし実際には、工事完了時この建物はすでに西武の支配に下っていたのだ。

東急ハンズが出来たのもこの頃だった。チョコマカした商品構成が如何にも「日本的」で面白いと思った。アメリカなどで見るハードウェアの店と比べるとその違いが浮き彫りされてきた。大袈裟にみれば、その違いはアメリカと日本の生活文化の違いを表していた。そして西武系のLOFTが出来たのはそれから間もなくだった。商品の構成は大同小異でLOFTの方がもっと格好が良かったかもしれない。

109に戻って考えると、この計画の敷地全体を再開発事業として

複合店舗 109 1978

ここまでにするのは並大抵ではなかったに違いない。何でも細分化された土地の権利者の数だけでも 30 数者以上もあって、なかにはヤクザや共産党の関係者がいたりして、全体の同意にこぎつけるのが大変だったと聞かされていた。

われわれのデザインの意図は、煎じ詰めれば、このガムシャラで互いに捲し立てている建物群のなかで、ここだけは無口を装うことだった。あるいはそう装うことで逆にある種の自己主張ができないかと考えたのかもしれない。

最終的に円筒形のエレベーターを隅部に建てた。それは周囲の不統一な景観に対するぼくの見方を煎じ詰めた表現だったのだろうか。

それはアルミのパネルで覆ったほかの外壁部分と同じに扱った。アルミのパネルはその表面にエンボスを施した。視覚効果が少しでも長引くことを願ってそう考えた。

実際このエレベーターは地下と屋上に止まる。 地下は当時まだ工事中だったが、何れつながる地下通路を通じて渋谷駅からの顧客を誘因できるだろう。また、それは屋上にまで伸び、ぼくはそこに野外劇場を提案したがそれは実現しなかった。そこでのイベントは安全上一切許可にならなかった。周辺の景観のまっただ中に計画されたこの屋外劇場はなかなかのものだが、それを一般に使われないのは惜しいと今でもそう思う。

完成時に敷地の中で、どうしても全体の計画に同意しない地主がいた。まさに猫の額ほどの土地だったが、立ち退きを一切拒否して、小さな一軒家で居酒屋を営んでいた。トタン張りのチッポケなもので入口には楊の木が一本あった。ぼくにはこの頑固な所有者の心意気がすごいと感じていた。結構客がついていた。ぼくは周りの人たちの意見を取り入れ、いずれ彼ががこの土地を手放す将来のときに備えることにした。その際109の増築が容易にできるようにいろいろその下地材をいろいろ考えていた。しかし、それは全く無用になった。というより無視されてしまった。

完成後20年が経過して、先代から息子に代替りしたのは確かなようだが、ここに何時の間にか、独立した建物が建ってしまったのだ。109の関係者はもちろん周囲の人は誰も知らなかった。あの頑固な先代の心意気は息子に受け継がれ、代が替わっても相変わらす「東急嫌い」なのかもしれない。

よく考えてみると、これこそが東京をはじめ日本の都市の景観を支えてきた「見えない次元」のなせる結果だったのかもしれない。

05. 北海道が消えた！：ペプシ工場とホテル BT

1970 年代前半の北海道では、生産性の向上がアチコチの自治体や企業で求められ「フロンティア精神」が向上のためのスローガンとして叫ばれた。

自治体のなかでも苫小牧市は、新しく産業開発が期待された花形スターだった。そこでは、鹿島臨海工業地帯をモデルにした大規模な産業開発が提唱され、埋め立て計画が進められた。ここには日本列島の最北端にできる産業基地という近未来像がもとめられ、それがすでに実現ししつあったのだ。

この都市の人口増加率は、当時の北海道のなかでも群を抜いていた。ちなみに 1971 年当時の人口約 10 万人都市の増加率は北海道のなかで札幌市に次ぐものと予想されていた。（札幌の人口はその頃 100 万で、それが現在ではすでに 180 万を超えた）

ぼく自身は同じ北海道の札幌で育ったせいもあって、この苫小牧には子供の頃から何度も訪ねた記憶がある。日高門別の親戚の家に行くときには、必ずこの街の駅で汽車を乗り換えた。とりわけ夏のガスと冬の寒さ（客車の中でダルマストーブを焚いていた）は今なお忘れることができない。

苫小牧のガスは元来あのサンフランシスコの霧とおなじなのだとぼくは思う。

カルフォルニア大学（バークレイ）で何年か教えていた関係で、毎年春先にこの都市にでかけたことがあった。いろいろなところで見たなかでもこの都市の霧は印象的で忘れがたい。白い霧の上方に

連立住居（岩倉邸）1974

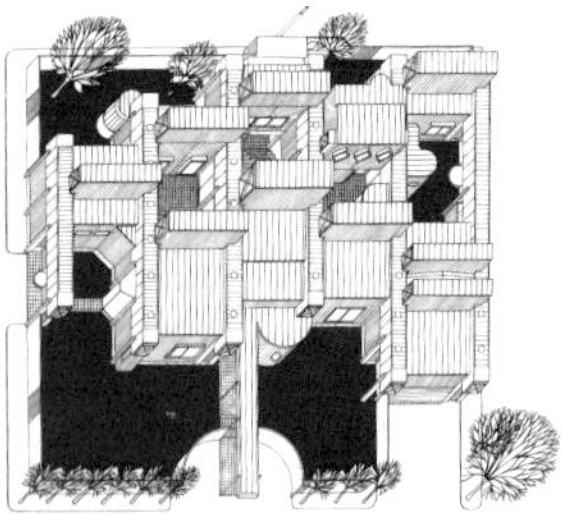
連立住居（岩倉邸）1974

は青い空が光り輝いていたりした。カーペットのように覆いかぶさる霧は、時には市街地を横切りサンフランシスコ湾を横断してオークランドやバークレーまでやってくることがあった。それに引きかえ、苫小牧のガスの霧は陸地の上を千歳辺りまでは行くが、さらに札幌までやってくることはないから不思議だった。

しかし苫小牧の冬の寒さは並大抵ではなかった。何でもバリバリと、音をたてて凍る感じだった。ここでは雪は少ない。寒さの厳しさは、何年か住んだ経験のあるデンマークの冬に似ている。もっともデンマークには高い山が全然ないから、違うといえば違う。

寒い冬に見舞われる苫小牧はアイススケートの天国である。そこの人々による愛されかたは、北海道のなかで群を抜いている。スケートといえば、ぼく自身も子供の頃よく楽しんだ冬のスポーツだ。当時、北国の子供たちにとってスキーは必修だったが、なぜかスケートはそうではなかった。いくら寒いとはいえリンクはなかなかつくれなかったし、ましてや屋内リンクなどどこにもなかったし、ろくなスケート靴などもなかったのだ。せいぜい雪上スケートでそれで固い電車の軌道で楽しんだ。つまり氷上のスケートは贅沢な冬のスポーツだったのだと思う。それが今日ほど一般化したのは札幌オリンピック以降のことだろう。

ぼくは長い刃のスケートを履いて、池の全面をグルグル廻って滑走するのを好んだ。小さな場所で一人で演技するフィギュアなどはとても好きになれなかったし、アイスホッケーをするには、なかなか人が集まらなかったのだ。もっぱら、長い刃（ロング）のスケートをはいて、グルグル廻り続けるのは楽しかった。

70年代のあるとき、事務所の設計をやってみないかと依頼を受けてこの苫小牧に出かけることになった。依頼主はあの岩倉組だ。スケートでよく知られた岩倉組が一体どんな企業なのかは、正直いってぼくはあまり知らなかった。木材の製材やホモゲンホルツというパーティクルボードなどの加工などを手掛ける、総合木材業というのがせいぜい事前の知識だった。

いよいよ、岩倉光博という名の社長にはじめてお会いする日がやってきた。忙しい身でありながら、ぼくのために丸一日を費やして苫小牧のあちこちを車で案内してくれた。若くて行動的な人物に好感がもてた。

市街地は他の北海道のそれらと較べ取り立てて特徴はなかった。あちこちで巨大な煙突がモクモク煙を吐き出していて、それらはみな地元企業である王子製紙の工場のものだと知らされた。

すぐ近くの支笏湖の湖畔にも行った。樽前山がその美しい裾野までもよく見えた。そこまでは車でアッという間のドライブだった。火山灰で覆われた道路は当時はまだ舗装されていなかったが、地表は雨で締まっていてほとんど砂埃などたてなかった。夕暮れ時には、野鳥がヘッドライトに飛込んできたりした。この一帯はすべて人造林とはいえ自然がまだまだ濃厚だった。海があり山がある。その恵まれた環境が市街地のこんな近くにあるのはすばらしいことだと思えた。

この若い社長から、本社の建物、自分の家族の自邸、それに加えてホテルなど三つの仕事を依頼された。もっとも性格の互いに異なるこれらをすべて一度につくるのではなく、実現までにほぼ数年間を費す仕事だった。それぞれに特有のプログラムがあったが、これら三つに、ぼくは何か共通したものを感じていた。いずれも、この若い社長の未来に向けた野心を代弁する仕事のようにぼくには感じられた。

三つの仕事とは、先ず彼の会社の本社。これは支笏湖に向かう山の道のほぼ入り口に面していた。市街地よりは幾分高い位置にあって周りには多少起伏があった。そこからより低い位置にある市街地をよく望むことができた。ぼくに要求された解決案は、その本社機能の規模を将来に向けて大幅に拡大するものだった。つまり、周囲を閉ざし内部に大きな中庭をもったこの事務所はやがて上に増築し、また背後の果樹園にまで拡張するように計画された。

住宅は二世代の住居だったが、同時にそれはプレハブのモデルハウスを実験的に試みたものだった。敷地は工場の跡地で、その12ha に及ぶ全体の土地利用にもいろいろと新しい試みをもちこむように要求された。そして彼の親子３家族が自らそこに住んでみようというものだった。

三つ目のホテルの敷地は、漁港とは別に、新しく切り掘られて開発がすすむ工業港の突き当たりに位置し、その近くにはすでに東京湾と結ばれた沿岸フェリーのターミナルがあった。この都市の成長とともに今後周辺一帯がどう変わるのかといった予想はたてようがない。だから周辺の変化次第では、このホテルも将来違う機能の転換を迫られるかもしれないし、それに対応することも求められた。

このホテルの敷地は、ほぼ海に接していたが、同時に市街地を抜ける国道に一番接近したところに位置していた。だからその国道からはよく見えるところだった。その国道沿いにドライブして海が見

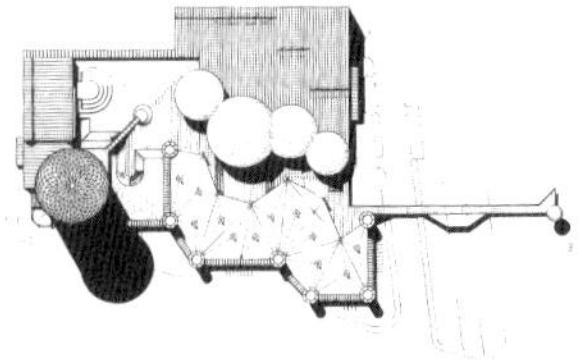

ホテルBT 1973

えるとともにこの建物が目に飛込んでくるのだ。さらに、この位置から南西の方に望まれる樽前山の山麓は実に美しく、視界に飛び込んでくるのだ。

ぼくはこの敷地の特性をすべて取り込もうとした。とりわけ、今後ますます開発が進む工場地帯はまだ鹿島ほどではないにしてもこの一帯はすでに異様にみえた。メガなものだらけで、日常では見たこともない材料だらけだった。なんといっても人影がなかった。なにもかもオートメーションで作動していて、それを動かす人間の風景がどこにも見あたらなかった。

一方、この無人の風景と対峙する南西側には自然の山並みが美しく輝いていた。

二つの風景は同じ敷地から視覚的にとらえることができた。そして面白いことに，昼と夜の風景が逆転する。西に広がる自然の風景は夜には視界から消え、東の工場一帯はまさにインダストリアル・パークの呼び名のように全体が照明で浮き上がってくるのだ。

出来上がった建物は円筒形で頂上部にドームを乗せたものだった。それはホテル建築のもつ「らしさ」を出来るだけ排除し、周辺にドラマチックに展開する環境のコンテキストを最大限に活かそうと考えたせいである。狙い通りにいったと感じた。

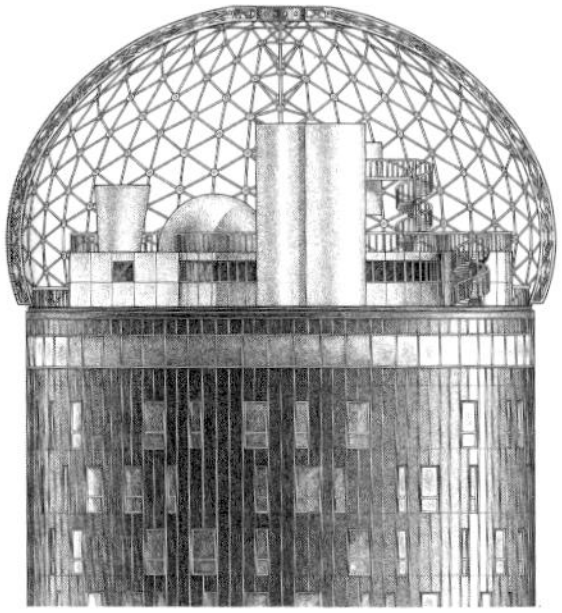
ホテル BT 1973

同じ北海道で、清涼飲料水を製造する工場の設計を依頼されたのは、ちょうどこの時期だった。当時、北海道では産業構造そのものの変革が進行しつつあった。炭坑閉鎖のニュースがあちこちから聞かれるようになった。その一つが三笠炭坑だった。岩見沢という都市に近い、この炭坑の閉鎖は痛手だった。労働者の多くは地元を離

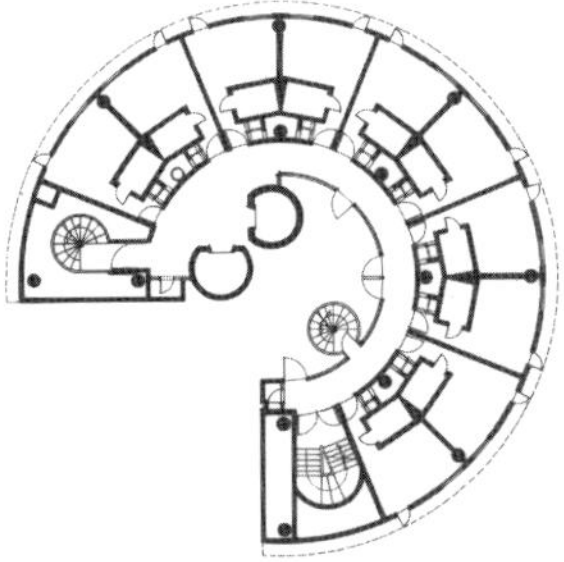
ホテル BT 1973

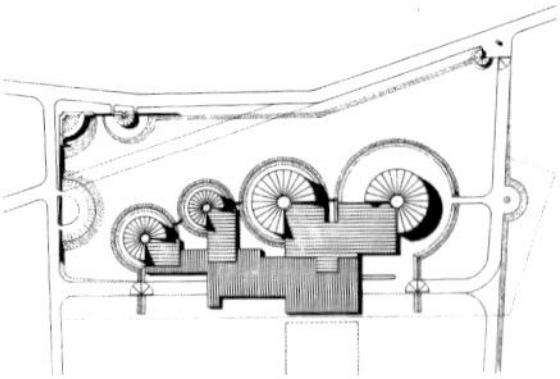

ペプシ工場 1972

れるかまた北海道を跡にした。しかし、いままで多くの労働者を雇用していた経営者は簡単にそれが出来なかった。新しい産業を起し、こうした人たちの仕事場を確保しようと試みたのだ。そうした一人がこの仕事の依頼主だった。

初めてお目にかかったとき、この人に「凄み」のようなものをぼくは感じた。肉体労働に従事するあの男ばかりの集団をまとめ上げてきた人から感じるものもあった。それは、後始末に全力を投じるこの人から感じるものだった。

地元の自治体が優遇処置をもって工場を誘致しようと考えていた候補地を、この人と見て歩いた。それはぼくにとってなかなか得難い経験で実に面白い出来事だった。

いろいろ見た挙句、札幌と旭川を結ぶ国道６号線から三笠へ分岐する交差点に接した敷地が選定された。岩見沢という都市に属しながら、幾春別川に沿ったここは、景観としては魅力的だった。水の量も質も申し分なかった。ぼくには、ここに工場を誘致することが何かもったいない気がしないでもなかった。

原液を薄めそれをアルミの缶にいれる生産工程は単純で驚くほど自動化されていた。そして、ほとんどの工程管理はもと炭坑労務者で行われることになった。

ぼくの提案した工場は単純な円形の平面で、単純な鉄骨の軸組で組まれ、外部は透明なガラス面で覆われた。屋根は漏斗状で内に勾配を持つように傾斜させた。

「この工場は非合理な製品を合理的に生産するはなはだ不合理な形態をしている」 と評したのは米国の専門誌だった。多雪地にできたこの屋根の形状を評したのだろう。しかし実際には、漏斗の屋

ペプシ工場 1972

根面に積もった雪は中心にむけて落ちるが、その下部にあるボイラー室から余熱がそれを溶かす。雪を中心部に集めることで建物の外周部には落雪はなくなる。これは冬期間の製品搬出を容易にするためだ。つまりこの屋根型は合理的なのだ。しかし、それは冬の寒い日などは、真ん中から水蒸気をモクモクあげた。やがてここでは冬の間雪を溶かしてペプシコーラをつくっているという噂が流れてきたそうだ。

2006年8月、岩見沢に住む知らない人からぼくにメールが届いて「ペプシ工場が解体中………、」とわざわざ知らせてくれた。この親切な知らせは地元に在住の建築家からだった。やはり経済的価値が優先した結果だったのだろうか。この環境における役割りが完全に消失したのだ。事実この企業そのものも消失した。

あれから30年が経過して、ぼくが苫小牧でつくった三つの建物も今は何一つ残っていない。あの若い社長の大志は霧と消えてしまった。会社は複合化のあまり実働力のフォローが追いつかなくなったと聞かされた。時代精神のギャップなのか。それ程までにパラダイムがシフトしたのか。

たまたまぼくの出会った二人の社長は、少なくとも建築の意味に、経済性に加えてある種の社会的な文化価値を認めようとしていた。自分の所有する建築に、可能なかぎり公共性を持ち込もうと努力したのだった。彼らの事業の挫折とともにそうした志向性が皆消失してしまったのか。それとともに、ぼくの北海道も消えたようだ。毎年春になると解けて流れる氷のように。

ペプシ工場 1972

06. この“家”今何時？：アトリエ・インディゴ

1970年に思いがけない脳外科の大手術を受ける羽目になった。手術が成功した後、担当の医者からゆっくり休養するように奨められた。ぼくは生まれ故郷の札幌の実家に移り住んで、そこでしばらく逗留することに決めた。東京に住んでいた妻と娘は、それぞれ仕事や学校があって同行することは無理だったから、ぼくはしばらく一人暮らしをする決心をした。札幌の母はまだ健在だったし、なによりも、自分の生家で毎日を過ごすのは実に気が休まるものだった。そこは街の中心部だったが、周辺の風景は昔とそれほど変わってなかった。

しばらく札幌で生活し体力の回復を感じるようになってきたら、今度は無性に仕事がしたくなった。札幌でもいろいろ仕事を依頼されるようになってきたので、この街でも仕事場として小さなマンションを入手した。仕事の依頼が重なってくるとともに、それに必要なスタッフの数も増してきて、やがてそのマンションのスペースではとても小さくて使えなくなった。遠慮しないで使える自分のアトリエを建てようと決心した。

幸い札幌の市街地に土地を保有していた。ここはもともと祖父が住んでいた木造の建物がその一角にまだ残されたままの約500坪の平らな土地だった。その昔、祖父は都心からここの地に隠居し、やがて父がそれを受け継いだのだ。それは札幌の市街地の西に広がる住宅地の真ん中に位置していた。

ぼくの子供のときの記憶では、そこに出かけるにはもっぱら徒歩しかなかったが、このほぼ2.5kmの道を楽しく歩いたものだ。札幌の街路網はキチンと格子状に出来ているから、そこに行く道はいつも同じではなく、そのつど異なったコースを選べるのが楽しみの一つでもあった。

戦時中のことだが本土の空襲が激しくなるにつれ、祖父は街の中心部を逃れてここに疎開していたのだ。たった2.5kmしか離れてないこの地に疎開するなんて、今から考えると笑い話のようでもあった。

当時この札幌の市民には、各戸でシェルターをつくることが義務づけられていたのだ。それ故、ここにもそれを作った。ごく小さいものだった。内部の大きさはせいぜい2畳間くらいで、天井高が2mに満たない高さで、半分以上も土に埋まっていた。その土盛りした屋根には雑草が伸び放題だった。戦時中、札幌の市街地はほとんど空襲の戦災を受けなかった。だからこの半地下壕は避難のためよりも、物資の保管に使われる機会が増していって、いろいろと大切な家財や食品などが持ち込まれた。

明治の初め東京から北海道に渡った祖父は、街の中心部を貫通する運河に沿ったところで、水産物の加工工場を営んでいて、戦時中とはいえ、その製品は軍隊に納められていた。加工には、水飴とか砂糖が不可欠だった。だから飴とか砂糖など調味に必要な物資は軍当局から支給され、すべて貴重品として大切に保管されていた。

そのころこんな事件があったのを、不思議なくらい今なお鮮明に記憶している。

春がきて木々に新緑が見られ始めたある日、祖父から知らせがあった。この防空壕に雪解け水が流れ込んで、半分水に浸かってしまったというのだ。防空壕の壁面の防水が不十分だったのだろう。そこに保管されてあった砂糖や水飴が浸水によって、すべて溶けてしまったのだ。水飴はトタンの箱に入っていたが、紙袋に入った砂糖は全滅だった。その挙句、途方もなく甘くなった雪解け水で壕の中がいっぱいになってしまった。砂糖といえば普段の生活ではほとんどお目にかかれなくなった時代の出来事だった。ぼくの記憶に今なお鮮明に残るのは近所の人たちが、この甘い泥水をそれぞれ容器にいれて持ち帰っていったのだ。食塩水と違って一旦水の溶けた砂糖を一体どう利用したのだろうか。

やがてこの土地は祖父から一人息子であるぼくの父に受け継がれた。

終戦とともにシベリアに抑留させられた父は、その行方が判らなくなってしまったが、数年も経過して諦めかけたある年、突然帰国することができた。しかし抑留地で完全に洗脳させられていたから、帰国後、自分自身の生活を回復するのには、大変な努力と時間がかかった。

どんなに回復しても、彼の「土地公有論」はいつまでも改まらなかった。シベリアで受けた共産主義教育のせいだった。彼は自分の所有していた市内の幾つかの土地を、まるごとすべて市に寄付すると云いだした。そして、この祖父から受け継いだ思い出のこの土地も、彼の死後には市の財産にする予定だった。子供たちはそれに反対したのは当然だった。

「家族全員の共有物にして、できるだけ公共的な目的に使用することに努める………」ということを条件に父を説得し、寄付する意向を撤回するにはかなりの時間がかかった。

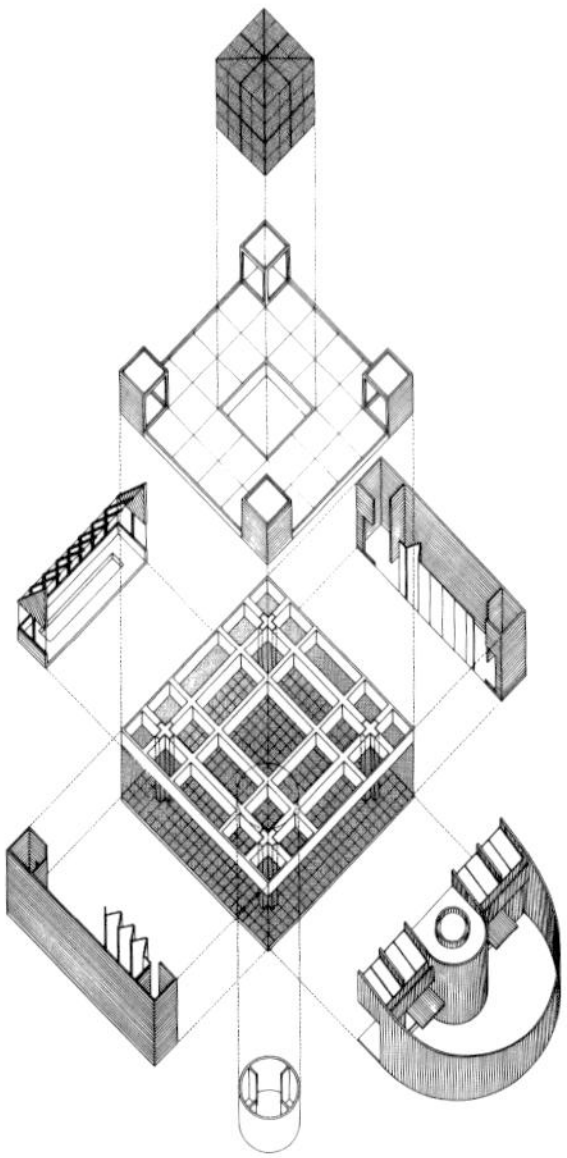
アトリエ・インディゴ 1977

こんな思い出の残る土地にぼくが自分のアトリエをもつことに母や兄弟たちは同意してくれた。父は 1974 年に亡くなったが、その 2 年後ぼくのアトリエが実現した。

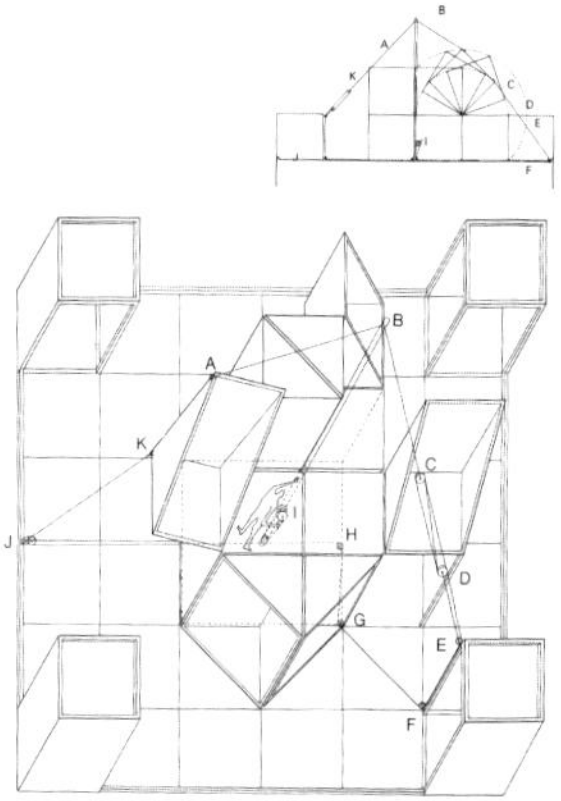

アトリエ・インディゴ 1977

ここを建築の設計作業だけに使うことを、ぼくははじめから諦めていた。何か多様な使い方をしてみたかった。なにか近隣に開放したいと思った。

建築のデザインに従事するとりわけ若手のグループにこの場所を解放することを考え、それを実行した。また札幌在住中に知り合ったアーティストたちにも、いろんなイベントができる場所を提供した。事実、絵や彫刻に限らず音楽・ダンスさらにやビデなどのメディア・アーティストたちが様々なイベントを試みた。

そのころこの都市の人口はすでに 100 万を超えていた。色々なレベルで他の都市との文化交流がはじまっていて時には海外からのアーティストの発表の場にもなった。田中民をはじめ何組かの音楽やダンスグループがここで発表したり、フィンランドのウォッコが彼女の新作を展示したりしたのもそのころだった。

工事費のこともあって、空間の大きさはせいぜい学校の一教室位だけにとどめた。それ以外に水回りや予備室も必要だった。そこに舞台の脇や裏舞台みたいな機能を期待したから結局主室と同じぐらいの大きさになった。

建物の骨組みは RC でつくり残りはすべて木造にした。親戚の木材屋から北海道産のエゾマツを安く仕入れることができたので、木材の仕事は可能なかぎり、手作りにしようと心掛けたのだ。壁は

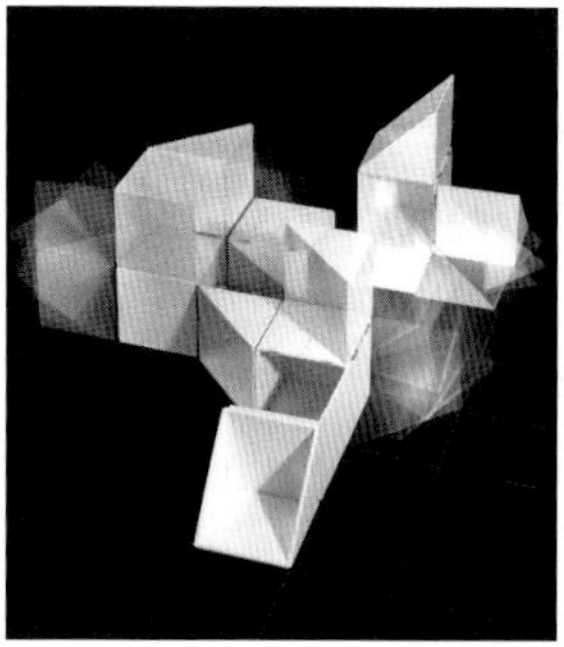

アトリエ・インディゴ 1977

アトリエ・インディゴ 1977

150 × 200 の未仕上げの角材をそのまま組積造のように重ねた。断熱は木材の効果が期待できるから断熱材の使用を止めた。

RC なので平らな屋根ができた。

そこに八つの箱を置いた。1 辺 2.2m のこれらの箱は、さらに対角線で二つに分けられ、回転の軸がズレないように、特殊に考案された蝶番で回転できるようにした。その結果、全部で 16 個の箱がいろんな組み合わせをつくり出すのだ。

箱の回転は建物の内部で行う。ちょうど帆船の巻上機のような仕組みで、真ん中に立てたマストから張られたロープに歯車を組み合わせて使い、引張力を伝達した。

煎じ詰めれば、ぼくは「何時見ても箱の組み合わせが違う」ものをつくりたかった。つまり「動く建築」がぼくの最終的な狙いだったのだ。冬はせいぜい 8 個を重ねた一辺 8.8m の大箱で、そこは一人で読書することしかできないが、それ以外の季節はいろいろな組合せを試みた。特に機能を限定しないこの空間を「考える箱」と命名した。

さて全体が出来上がって見ると、当初の予想に反することがいろいろと起きた。

例えば、暖房の問題。使用開始の時期は夏も終わり、そろそろ朝晩の寒さが気になる頃だった。ある朝、設置したボイラー（中古品を安く購入した）のテストをかねて暖房を使い始めた。床下に均一に入れた銅管が暖まるまでにはそれほどの時間はかからなかったが、しかし、その暖かさが室内に廻ってくるまでに全く予期しなかったことが発生して驚かされた。エゾマツの板張りの床全体から湯気が立ち上がり、まるで温泉場にいるような雰囲気になってきたのだった。挙げ句の果て、20mm の厚さを持った床板が下に向けて湾曲するように歪みだした。同じ現象が何日もつづいた。原因は床下に良かれと思って入れた砂が濡れていて、それが暖房とともに蒸気になってしまったわけだった。床下には床板を敷くために根太が入り暖房の銅管はその間の空洞部分に敷かれていた。この根太の間に砂を入れたのはぼく思いつきだった。しかし砂に雪が混じっていたのだ。湯気が治まるまで、どれほどの期間がかかったろうか。挙げ句、床板の歪みはその後もしばらく後遺症として残ってしまった。

周りの広い庭にぼくは興奮した。正直いって庭のある家には住んだことがなかったのだ。人からいただいたリンゴ(アルプスの乙女)の幼木を植えたりした。北側の駐車場との境界にはトウモロコシを生垣のように揃えて植えた。やがて、秋の収穫の折には人を招いて、庭でバーベキューを開催するのがこのアトリエの年中行事にさえなっていった。

ぼくが庭で一番気を遣ったのは、そこに移植した桃の木だった。

その昔、北海道に渡った祖父は桃の苗木を一緒に持ってきて、それを実家の中庭に移植した。ぼくの子供の頃、毎春そこに花が咲き実をつけるのを見続けたものだ。桃の木の幹の肌にはヤニが溢れ出て、それを指先でいじくった記憶も忘れられないものだった。しかし、その後街の中心部にあるこの母屋が増築を重ねていくうちに、中庭がだんだん小さくなり、桃の木への日当りが悪くなってしまった。当然木も衰え、枝振りも小さく、桃の実も少なくなってしまった。枯れかかっているようにさえ見える始末だった。

新しくつくったアトリエの裏手には大きな日の当たる庭がある。

アトリエ・インディゴ 1977

市街地で枯れかかった桃ノ木を、何はともあれ、そこへ移植することに決めて早速実行した。

老木になってしまった桃の木から新しく枝がのびた。そして3年経ったら、なんと白い花を咲かせて大きな実を幾つもつけるようになった。伸びた枝を良く見ると、それはすでに枯れた枝の根元から伸びた枝で、つまり「孫」の枝に当たるものだ。桃の元木は100年以上も古い。それは本州から北海道へと生き続けたことになる。その生命力の強さに改めて感激した。

やがて、このアトリエを訪ねる人が増えてきて建物に呼び名がある方が便利だということになってきた。いろいろ考え抜いたすえに「アトリエ・インディゴ」と呼ぶことにした。「インディゴ」はぼくが病いで倒れる直前にデンマークで生まれたぼくの娘の名前である。

祖父が本州から移植した、庭の桃の木が幾重にも重なる昔を忍ぶ手掛りだとすれば、建物につけた娘の名にはこれから先への思いが、漠然とはいえ、そこに込められていた。

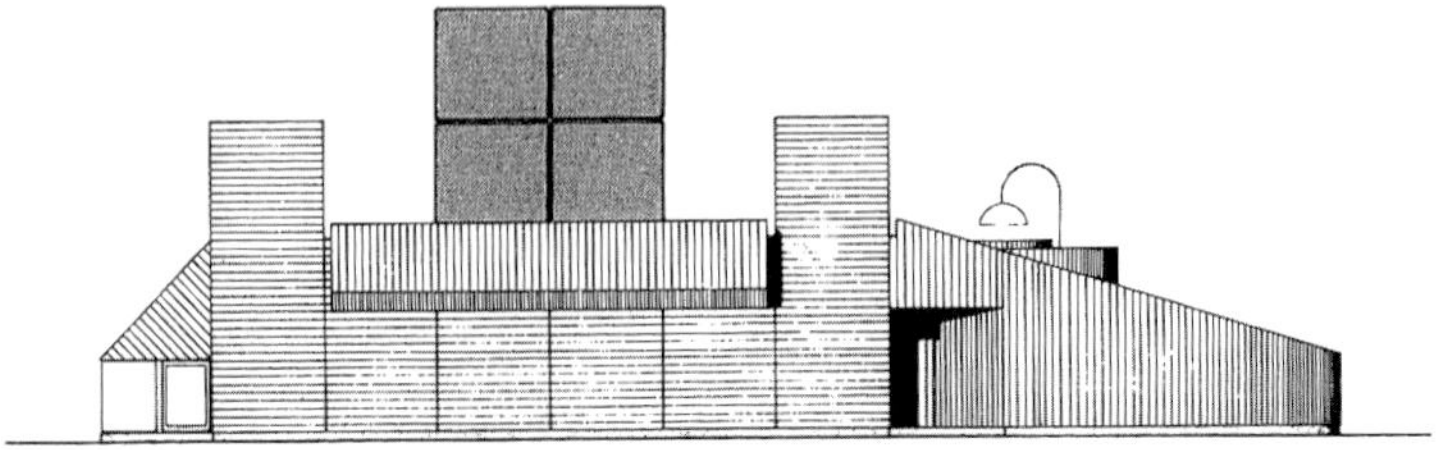

アトリエ・インディゴ 1977

07. 関西：奈良味覚糖工場・京都ルネサンス

ぼくは80年代の中頃、関西でいくつかの仕事を続けて手がける機会に恵まれた。主に京都と奈良だったが、奈良の仕事の依頼主が大阪在住だったのと、それが縁で後年その会社の事務所の設計を大阪に依頼されたから、仕事で大阪にも出かける機会も与えられた。

それまでは、ぼくにとって関西はもっぱら観光旅行などの訪問先でしか行かなかったのが、不思議と仕事で出かけるようになると、それまでと違ったものが見えてきた。その挙句、やや大袈裟だが、ぼくの身体が感じる「日本地図」が今までとは違ったものになってきたのだ。

「アメリカは中心の二つある楕円だが、日本は中心一つの同心円だ。」とある日本の評論家が指摘したのを覚えている。同じ人はまたこうも云っていた。「アメリカの東西を縦にして南北にしたのが日本だ。」たしかにアメリカは東から西に開発が進んだように、日本の開拓の歴史は南から北に上っていった。ぼくは日本の北の出身なので、この指摘は当たってると感じ不思議とよく記憶している。

また60年代のはじめをアメリカの東部で生活し、大統領選などのこの国のナショナル・イベントをつぶさに見たり、後には西部のカルフォルニアで延べ5年間も滞在したりしたせいもあって、こうした指摘が概ね当たっていると感じていた。　実をいうとぼくは関西へ通いだして始めて日本は中心一つしか持たない同心円ではないことを、実感をもって感じはじめてきた。つまり以前から持ち続けていたマクロの視点が、実感できるミクロなものを通してだんだ

UHA 味覚糖本社 1992

ん修正を迫られたと云えるかもしれない。

関西といえば、ぼく自身は大きく分けて、子供の頃、高校生の頃、そして大学生時代と幾つか年齢に応じて違った経験を持っている。特に大学生の頃経験した「無銭旅行」とかの「古寺巡礼」とかは今でも鮮明に思い出に残る。

その頃は京都に行くにしても、列車で確か8時間以上もかかったが、同じ頃札幌まで20数時間かかる旅に較べると、それはぼくにとってはましな方だった。

その頃のぼくの日本地図では、東京が中心で北の札幌は遠く離れていても、文化的には東京の圏域に属していた。そして東京の西の方も北と同じように東京を向いていたと感じていた。恐らくぼくが東京へ出かけたと同様の理由で、青年たちが西からも東京に出て来たと確信できたのは、ぼくが通った大学に入ってからだった。

仕事で関西に通い始めてから、しかし、こうしたぼくの先入感が少しずつ緩みだしていった。それは生活に読み取れる文化の違いからきたようだ。そうした東西の違いは、いままで各界でいろいろと語り尽くされてきた通りだと思うが、ぼくの場合とりわけ実感をもって強く感じたのは「歴史の感覚」と「食物の味」の違いだった。そうした違いは初めのうちは確かに超えがたいもので、異国の生活で経験するのと変わらぬ、むしろ諦めに似ていた。

どこに行っても昔話が聞えてくる都市の環境は、ぼくの生まれた札幌のどこに行ってもなかなかお目にかかれなかったし、東京でもそれはほぼ同じだった。しかし関西ではそうした歴史にまつわる昔の古い話がどこでも聞かされ、それが日常の生活感覚にしみ込んでいた。歴史的風土というのは、こういう感覚がベースになっている

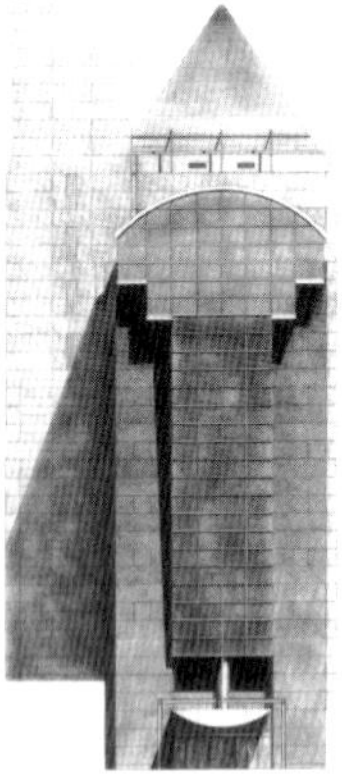
UHA 味覚糖本社 1992

のだと思う。そういえば、韓国でも似た経験をしたことがある。またヨーロッパでも同じだ。何れにしても、その土地の歴史を共通感覚の軸に置かないとなかなか相互に理解が出来ないことが多いのだ。いわゆる歴史的な遺産とは、地理と同次元のことで、時間と空間の奪い合いが巻き起こすことなのだろう。

一方、食べ物の味といえば、ぼくの育った北海道では、一般的にいって塩分が強い。東京よりもはるかに強く、東北並みだと云われている。ぼくはそうした「塩辛い」味に慣れ切っていたせいか、はじめて京都で食事をした頃は、味が淡く感じられて頼りなく、それがなにか馴染めなかった。しかし関西行きを重ねていくうちに、そうした味にだんだん馴れてきた。驚いたことに、間もなくその微妙な味に親しみさえ覚えるようになっていったのだ。東京でも、外で食事の折には関西味を求めるようにさえなってきたから、ますます不思議だった。この傾向は、年齢とともに激しくなってきたようにさえ感じる。加えて世の中は健康志向ブームときているからなおさらだ。

関西の文化的風土を特徴づけることは、他にも随分あるだろう。それはまさに文化人類学の命題である。しかし、ぼくとって大切なことはそれまで経験したこともなかった生活の次元がここには自立してあって、それと実際に接することができるということだった。

さて、仕事はまず奈良に予定された菓子工場と取り組んだ。

奈良といえば、歳が幾つになっても思い出すことがある。学生のころ友人3人と東京から寺巡りに出かけたときのことだが、東大寺を参観に行ったらすでに門が閉まっていて中に入れないでいた。た

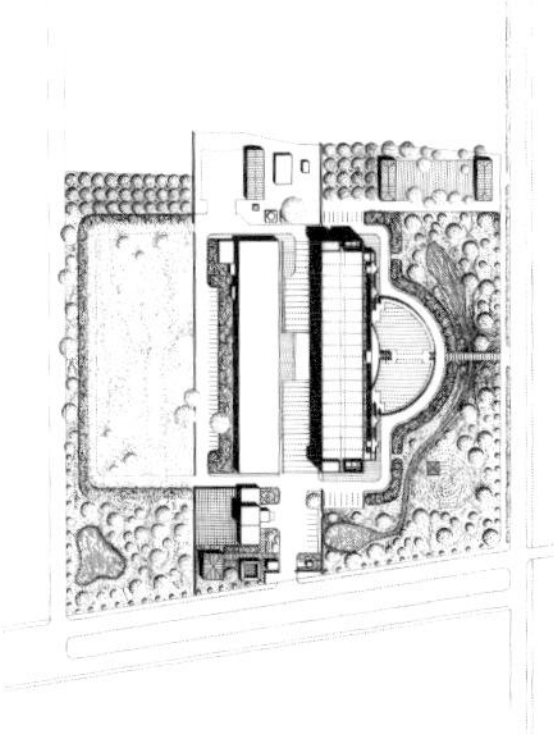

味覚糖奈良工場 1984

味覚糖奈良工場 1984

またま通りがかった僧侶に呼び止められて事情を聞かれた。笑顔の僧侶は「二月堂の水取り行事があるから明日来ると良い」と教えてくれた。さらにその行事をお堂のなかに入って見学することを、その僧侶は許してくれたのだ。さらに宿として新薬師寺を紹介して下さって、そこにしばらく泊めていただくことになったのだ。後日、この人が上司海雲という名の高僧だったことを知った。そして、その名はその後たびたび新聞などでお目にかかった。

ここの土地に潜んでいる歴史の香りを嗅ごうとすればするほど、その香りの奥の深さに驚かされた。それはどこかほかの土地のものではなくこの地ならではのものなのだ。

計画中の工場の予定地は奈良の中心からは離れた大和郡山の工場団地の一画に予定されていたが、ぼくは必ず奈良を経由して現場に出掛けた。ここは斑鳩にも近く、一帯には法隆寺、法起寺などの古い寺が散在していた。

なぜこの地に工場なのだ。どう考えても答えがでないままだった。強いて推察すれば、比較的まだ安い地価に加えて、目下建設中の高速道路の延長ができると、工場に関連した資材や製品の搬出入にはかなりの好条件になってくる。それ以外になんの脈略も探し出せなかったのだ。与えられた条件を満たす工場の生産空間を見つけ出す作業はそれほど困難なことではない。問題は、それだけでは建築にはならないということだった。

大和郡山駅の近くに稗田阿礼を祀るといわれる買多（めた）神社があった。稗田阿礼といえば古事記の伝承者である。それもあって、ここでは語り部とか童話の神様にちなんだ年一回のお祭りが営まれている。昔の形式を留めた環濠部落があった。そこを見学しながら、

味覚糖奈良工場 1984

空間や環境における「物語性」ということを何度も考えてみた。建築には「物語性」が叫ばれ、当時そうした傾向が世界的に広がりを見せている。この工場のぼくの最終案も、恐らく同じ理由で、物語性がテーマになった。

素材から製品までものの生産の動きは、合理的でそれはいつも決まっている。その間の出来事で、マンパワーはますます少なくなっていって、自動化を果たすラインがますます支配力を持ってきていた。こうした、はなはだ単純化した生産ラインのストーリーには別の要因が入り込む余地を全く残さない。従って、ぼくは奈良の郊外に置かれたこの工場の外部に関心を寄せた。

彫刻家の戸谷成雄氏が主宰するアート集団と話し合いを重ね、なにか「物語」をテーマにした人形たちを国道に面した前庭に配置することにした。一般に広く知られている宮沢賢治の「銀河鉄道」から人形が数点つくられ、天の川を象徴する小川に散りばめられた。幸いにも、依頼主からこのアソビ心に満ちた計画に同意していただいた。ファサード全面に貼った緑黄色のタイルとともにこの人形たちは、この歴史的遺産に充ち満ちた環境に工場を建設したことに対する、いわば「罪滅ぼし」ともいえるかも知れない。

一方、京都の仕事の計画地は京都駅前だった。その頃、駅の南口に降りると必ず目に入る茶色のタイルを張った建物があった。泊まったことはないが、それはやや時代がかったホテルだった。それを別の複合施設に建て替えるのが仕事だった。計画地は方形の区画ではなく、何故かここだけ三角形なのだ。

依頼主は岡山のユニークな企業（林原産業）だったこともあって、案が決定するまで随分時間がかかった気がする。しかし、ぼくにと

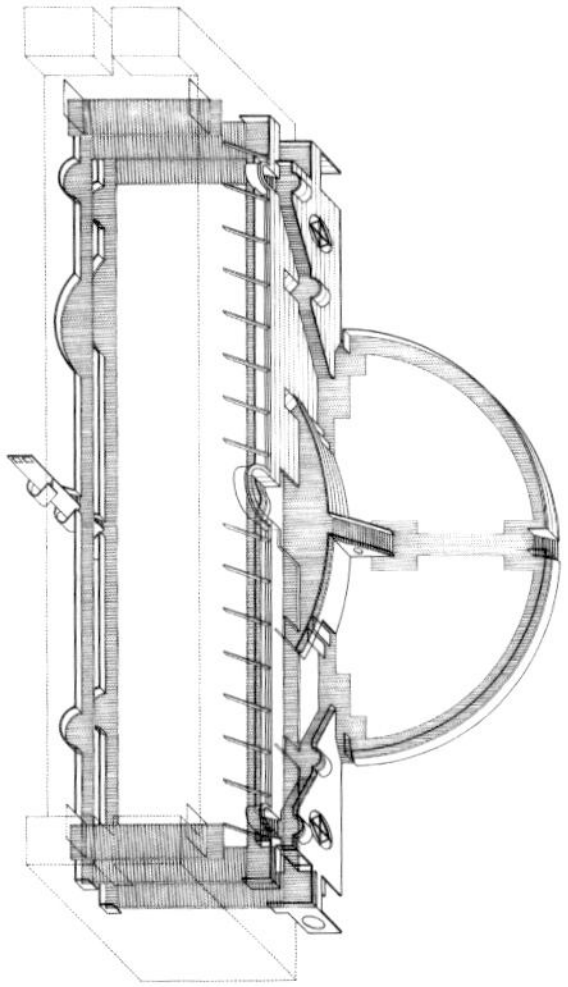
味覚糖奈良工場 1984

京都ルネサンス 1986

ってそれは好ましく得難い経験だった。それだけ京都との接触が増えたからだ。この仕事を始めるにあたって、何度かこの街をあちこち歩き回ることができた。

京都では新しい建築物になかなかお目にかかれないのが何故か不思議だった。確かに新しいものはあるが、それらは何れも古い装いでその周辺に同化しているのだ。市の風致地区に指定されている辺りを訪ねてみると、周辺はみな均一に見えて、新旧の区別がつけ難い程だった。これはまさしく景観をまもる規制のなせるものだろうか。もっとも小さなスケールの商業建築ではそうした規制が行き届かず、未だに目に余るひどいものが存在していた。

景観条例を定めている例は、ほかの自治体でも見受けられたが、京都は日本のなかでも他の何処よりも先進していた。それは理解されなくもないが、ぼくが経験した範囲では何か、形式性が先行しすぎてるように感じられていた。京都市の場合、いわば禁止令を軸に景観を保とうとしているのだ。

ぼくらも設計作業のある段階で、外観の事前審査を受けねばならなかった。駅前風致ということで、ここは特に気を使っていたようだ。外観図を提出し、詳細にわたる色彩計画も添えた。

早速、禁止令が出た。外装の色は京都の町の屋根の色とあまり異なってはいけない。金物の仕上げ色はこの町で使用されているものからあまり違ってはならない。屋根型は一部搭のように突出してはならない。建物の看板やテナントのサイン・グラフィックは事前に許可を得なければならないと、すべてが曖昧で極まりない「お達し」だった。恐らく外部の学識経験者などからなる景観委員会の意見だったのだろう。

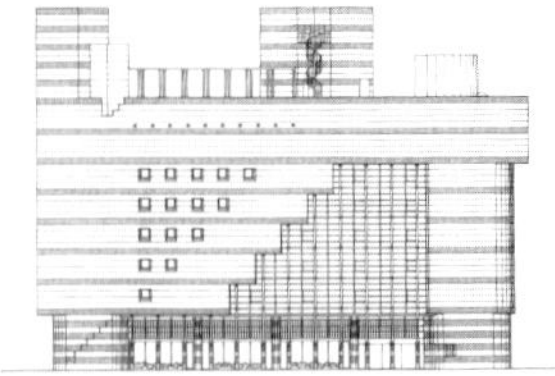
京都ルネサンス 1986

駅前に掲げられたコカコーラの大きな看板を「よく見るように！」とお達しがあった。世界中で目にする例の赤と白のグラフィックだ。ところがここ京都のコカコーラのそれは、赤と白が反転。つまり“赤字に文字を白抜き”を反対に“白地に赤文字”にさせたそうだ。世界的な大スポンサーの慣習までも変えさせた、行政の力の手柄話しなのだ。しかし、ぼくの目にはこの方が一層刺激的だった。この話は、実は地元の行政指導の具体例をすべて代弁しているようにも感じられた。

事実それから何年かして、京都駅舎はすさまじいマンモスと化して建て替えられてしまった。高さの異様さのみならず、ここの外観に市の景観委員会はどんな勧告をしたのだろうか。都市の景観が市民意識の反映として顕在化しないかぎり、日本が世界に誇るべきここの歴史資産は今後ますます異様に変質を究めていくに違いない。

奈良と京都での具体的な仕事を通じてぼくが思考したことは、何故か不思議の国の出来事のように空々しいものに感じられるのはなぜだろうか。

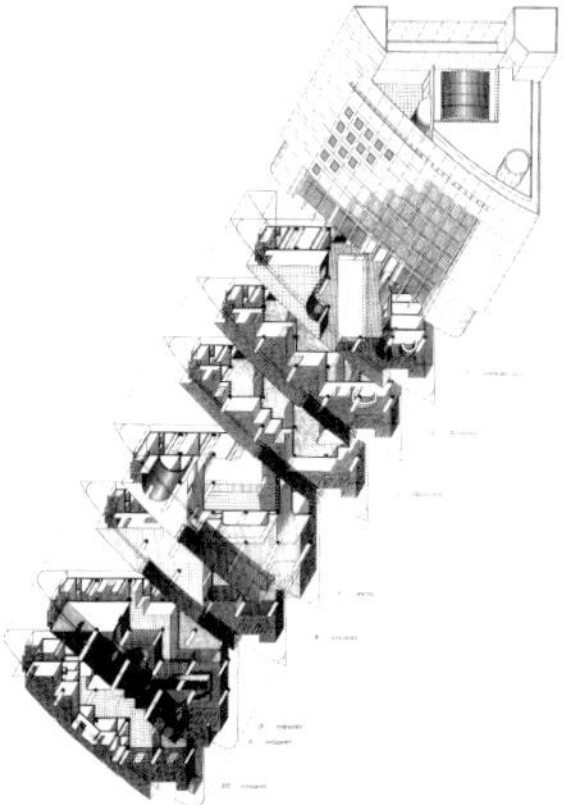

京都ルネサンス 1986

08. 建築を学ぶ学生たち 1

ぼくは5年間に及ぶ外国生活を切り上げ帰国した後、日本で教職についた。それからアッという間に40年が過ぎてしまった。この間に、東京の大学で専任の職を持ちながら、地方のあちこちの大学で、短期間のセミナーとか講演などに呼ばれたりした。地方のいろいろな学校を訪問して、そこの学生たちと付き合うことは常に新鮮で刺激に満ちたものだ。だから、この教職にあった40年間はぼくにとっては実に楽しく、短く感じられる。加えて、ぼくが日本で教職についている間、海外のいろいろな国の大学からも声がかかり、あちこちを訪問する機会が与えられた。

アジア、アメリカ、カナダ、ヨーロッパ各地の大学で、ことばの壁を乗り越えて学生たちとの交流の機会をもったことは大変貴重だった。建築が人間の生活と深い関わりをもつかぎり、何処へ行こうが関心を共有できるのだと思う。逆にみると、この共通項を手掛かりにすると、各地の特異性を読み取ることができるのかもしれない。

日本ではある年齢に達すると「君はもう歳だから､お役御免だ！」とばかり一斉に職を退くことになっているようで、それに異議を申し立てる者はあまりいないから不思議だ。海外でも、多分昔はそうだったようだが、近頃では退職はいわば自己申告制になっているところが多いようだ。事実、ぼくと同じ歳になって、まだ元気で学校に通っている友人たちがアメリカやヨーロッパでは何人もいる。一口に退職するかしないかは、それぞれ個人の問題であって各自の体力と生き方の違いの問題だ。若い学生たちにとっても、年寄り先生にいろいろと相談にのってもらえるのは良いことだろう。教育とは全世代の相互性の上で成り立つものではないのだろうか。

ぼくが経験した海外、とりわけアメリカでは、通学する学生の年齢が実にマチマチであって驚かされた。以前カリフォルニア大学（バークレイ校）に何年か続けて教えに通っていたとき、学生の中にかなり年寄りの学生がいた。ぼくより年上だった。何度か顔を合わせていくうちに、この学生はもともと中西部のどこか小さな町で教会の牧師だったことや、フランス文学の学位をもっていることなどを知らされた。この大学の環境デザイン学科にやって来るにあたって彼は自分の教会を知人の牧師に任せて、奥さんと一緒に来たそうだ。目下のところ定収入はない。だから街のアチコチの教会で賛美歌を歌ったり、時には劇場でヴォーカルやオペラなどに出演したりして収入を得ているのだそうだ。そういえば夕刻が近づくと、彼はいつものラフな作業衣を脱ぎ、黒い制服の上下に黒タイをばっちり決めて学校を後にしていた。

それとは反対に、信じられないほど年齢が若い学生がぼくの授業に出席していたことがある。こちらの講義が終わるといろいろと質問をしてきた。ぼくは真面目に答えたつもりだったが、彼はしつこいほど何度も同じ質問を繰り返した。クラスが終わってから判ったことは、この若い学生は未だここの学生ではなく、翌年ここへの入学を検討している高校生なのだということだった。インターンの高校生版と云ってもいい。この学生は、いろいろ実地診断を重ねた末に、最後には“建築”専攻を諦め、歯科の学校に入学することになったそうだ。察するに安定した収入を求めたのだろう。

ARCHITEXT 1970-73 0号

ARCHITEXT 1970-73 00号

また学生の親、とりわけ女子学生の父親が学校に来る場面にも、ぼくは何度かお目にかかった。特に作品の講評会では、父親はほぼ確実に娘の弁護役にまわっていたからすぐ判別できた。きびしい批評にたいしては、真っ赤な顔でいろいろ言い訳をしたりしていた。

そうした作品の講評会にはいろいろな人が参加して、皆それぞれの意見を公開する。必ずしも学校だけではなく、街の集会場とか小さな劇場で行われたりした。こうしたカルフォルニアの大学生たちにとって、学校は常に一般社会に開放されたところなのだという認識が広まっている。また、建築はもともと誰でもそれについて語るに値する側面をもっているということを教えてくれているのだ。

ぼくの場合、海外の学生との接触は実は日本で教職についた時よりもっと前に始まった。デンマークの建築家のアトリエを訪ねそこで仕事をしているうちに、ここでの生活がスッカリ気に入ってしまって、ぼくはさらにこの国に留まる決意をした。

建築を教える地元の大学の主任教授が、たまたまぼくの通っていた同じアメリカの大学の出身者だと聞かされて、ある時彼を訪ねてみた。コペンハーゲンの街の中心の実に良い場所にその学校はあった。(現在は別の敷地に移転した)「たまたまアキがあるが、どうだ次学期から教えにこないか」ということで話はすぐ決まった。当時ここは国立（王立というべきか）アカデミー以外には建築を教えるところはなかった。もちろん授業料が無料だったし、美術専攻の学生たちと同じ学校だった。事実この国で活躍している建築家のほとんどはここに教えにきていたようでもあった。

ここで、ぼくの担当は1年生と決まった。そして入学試験の時から受験生と付き合うことになった。その入試は学科試験がなく実技中心で、3日がかりで本人にどれほどの意欲と才能があるかを調べるものだった。この年の課題は、この都市の市街地を歩きまわり「気に入った風景」を自分で切り取り、それをスケッチに描き上げるというものだった。他の誰かに依頼すれば、成立しそうな試験だったから、そうした不正の可能性を、ここで古くから在籍している教師にたずねたら、答えは簡単だった。「仮にそうした不正で入学できたとしても一番困るのはその本人なんだ………」確かにそう云われてみれば、そうかもしれない。学生の学習意識は尽きるところ本人の自覚の問題なのだろう。

しかし日本の受験地獄の実態を知っているぼくには容易に理解できなかった。とりわけ日本では、出題者は不正防止のために気を緩めないし、出題ミスは毎年のように新聞沙汰にもなる。この国では教える側と教えてもらう側が確実に分離したままなのだ。

1979年3月、ぼくはカナダのマニトバ大学に呼ばれた。建築のデザイン・スタジオで短期間の課題を出題し、加えて公開レクチュアをするためだった。この小さな北の都市ウィニペグでは、ぼくの着く直前に皆既日食があって世界の注目を集めていた。また街のあちこちにロシア正教の教会を目にした。それとほぼ同じ様式の教会が、ぼくが生まれ育った札幌にもあったのですぐ認識できた。日本の北海道の人口よりはるかに多い、国を追われたロシア人が、亡命者として同じ北のこの地方に集まっていたのだろうか。

3月ということもあって想像を絶する寒さだった。ぼくも寒い北海道で生まれ育った身だ。以前、北欧の寒さにも耐えてそこに3年以上も生活した。それなのにカナダの中央部に位置するここウィニペグの真冬の寒さには驚かされた。痛みを伴った寒さみたいで、それは並大抵ではなかった。外を行き交う車が、フロントの前に電気コードをつけて走行していた。駐車する度にそこに備えてあるコンセントにこのコードをつなげて、ヒーターで暖めていないと凍結してしまうのだそうだ。

毎日利用する教職員食堂のロビーに日本人のブロンズ胸像があって目に付いた。それは中谷宇吉郎だった。雪の結晶の実験をともなうこの学者の研究には、ここカナダの学校が適していたのだろう。

ここの学生たちは一様に素朴な印象をぼくに与えた。もちろん個々人の考えは明確なのだけれど、それに加えて彼らは自分の実感を大切にした。つまり自分の皮膚感覚で一度も経験したことがない世界のことに対してなかなか関心を示さないのだ。考えてみれば、それはぼくが日本で建築を学習し始めたときとはまったく逆の姿勢だった。あのときは自分たちの日常的な経験を通して、世界を知ることなどむしろ絶望的だった。そして未だ知らないユートピアをどう見つけるかが問われていた。

そうした学生の日常性から生まれた表現力も質素でなかなか味があった。学生たちが製作する模型には、ここの豊かな森林から生まれる紙材（主としてカートボード）が豊富に使われていた。

それから間もなくして香港とシンガポールの大学を訪ねた。香港は2週間でシンガポールは4週間に及んだ。何れの学校でも学生たちの勤勉ぶりと礼儀正しさが強く印象に残った。加えてその学習環境が実に良かった。ぼくがそれまで経験した日本の何れの学校より優れていた。なにより空間が広かったし、それは日本、特に東京では考えられないことだった。

丘陵の斜面に建てられた香港の学校は眺望が海に開け、校舎の内部も広く開放的だった。ぼくの宿舎は同じ大学のキャンパスにあって、丘陵の頂上部に建てられたゲストハウスだった。従って学校に行くには長い斜面の小道を下らなければならなかった。この緑一杯の庭園を歩いて下りるのが、実に楽しかった。しかし学校から宿舎にかえるのは逆に難儀で、しばしば車で送ってもらったりした。

当時、香港は返還される前だったが、建築志望の学生にとっては、狭き門だった。医学志望について、難しい入試を勝ち抜いてここの大学に入ってきたそうだ。そのせいもあって学生は実に優秀だった。しかもその時点ですでに女子学生が半数に及ぶほどだった。

「24時間課題」というのがあって、「宇宙船からでも見える造形」とか「香港島に運河をつくれ」などといったメチャクチャなのもあった。学生が先ず手を動かし、頭を柔らかくする目的で行われる毎年恒例のイベントだという。若くて陽気な学生たちは、朝まで寝ないでガンバって、翌日は元気な姿で、作品を発表していた。

もっとも普段の課題は、もっとプラグマティックでかなり現実性を重んじているようだった。実際にすぐにでも建設可能な実用性が問われていた。

この傾向はシンガポールの学生でも変わらなかった。学校のシステムも同じようだった。ここではヨーロッパやオーストラリアから建築家が教えにきていた。学生たちは実に礼儀正しく、彼らの行動や言葉遣いにそれを感じた。教師を呼ぶときは必ず名前に「ミスター」をつけた。また、学生たちはスタジオで教師を待つのではなく、各教師の部屋まで出向いて作品の意見を聞いたりするのが習わしのようだった。しかし、そうした形式にぼくは従わなかった。スタジ

ARCHITEXT 1970-73 1号

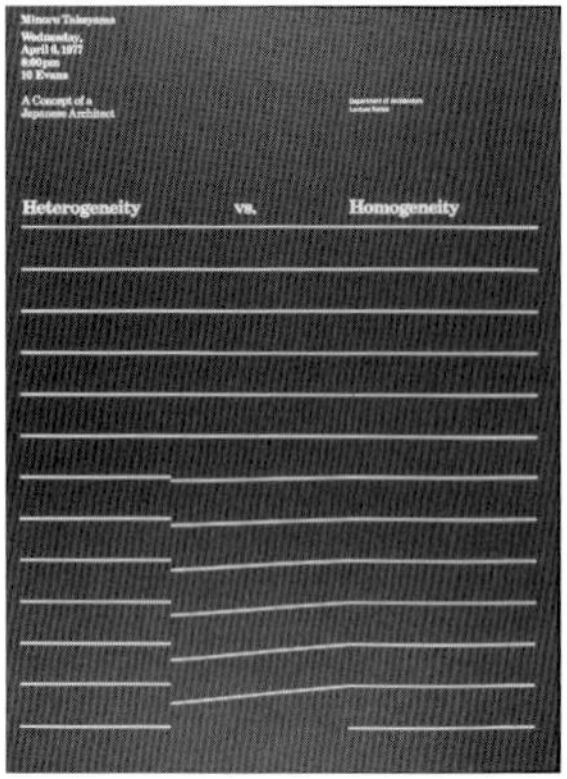

ポスター　d. マーク・トライブ

オで学生たちや彼らの作業を見させてもらう方がはるかに楽しかったからだ。

ぼくは世界のアチコチで大学や建築科の校舎を訪ねたが、ここシンガポールほど大きなキャンパスを他に見たことがない。建築の教室も広く、学生たちも実にのびのびとやっている様子だった。気候のせいもあって、教室で寝泊まりする学生も結構多かった。

ここで印象深いのは食堂で、それはまさに圧巻だった。いわゆる「フード・バザール」形式で食べ物のメニューも豊富だった。もちろん日本食もあった。教師専用に使うプール付きの実にゴウジャスな食堂もあったが、建築科の教室からそこまで結構な距離があって、往復徒歩で一時間はかかるからあまり出かけなかった。ぼくには学生食堂で十分だった。宗教の違いなどいろいろな制約があってか、学生たちの食事の選択は実にさまざまで、そこに同席して食事するのが楽しかった。ぼくには制約など全然なかった。

二つの学校の学生たちは中国系が多いと聞かされたが、ぼくはその特色をとらえることはできなかった。彼らはアメリカやヨーロッパの学生と較べて、素直でしかもあまり口数が多くなかった。とはいえ表現の上ではしっかりと自己主張ができていた。日本の学生と同じくらい世界の情報に関心を持ちそれに精通していたようだ。ここで横行している実用主義にもっと融通性と広がりが生まれてくれば、これから先がおおいに楽しみに感じられていた。

09. 建築を学ぶ学生たち 2

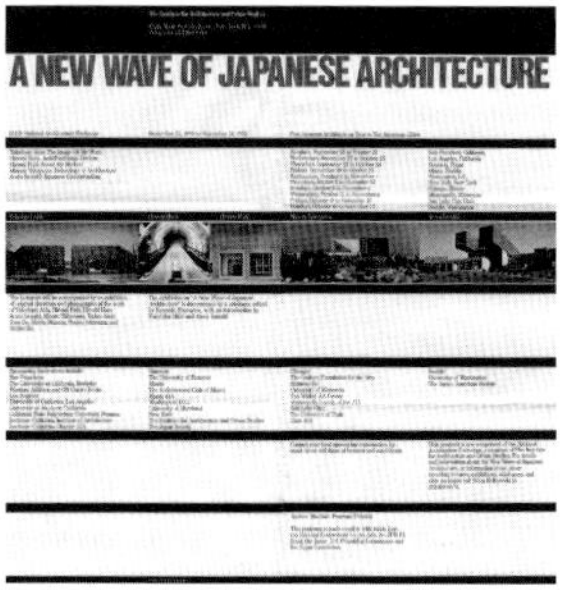

ポスター「日本人建築家の新しい波」

1978年の春、アメリカの東や西に散らばる10都市を約2週間がかりで訪問し、その先々で展覧会や講演をするといういわば巡業みたいなイベントに招かれた。

ニューヨークやシカゴといった何度か行ったことのある大都市に加えて、ソルトレークシティとかマイアミといった今まで訪ねたことのないところが含まれていて楽しみだった。日本からは、ぼくを含め相田武文、磯崎新、原広司、藤井博己といった5人の建築家が招かれたが、1週間に1人ずつばらばらに出発するため訪問先でこうした仲間とは会えなかった。訪問先は主に学校の集会場とか講堂だったが、ときには映画館というのもあった。学生だけにかぎらず、会場には一般市民やいろんな人たちが見えたのが面白かった。こんな短期間でアメリカのあちこちを見較べることが出来たことが、ぼくには得難い経験でもあった。結果として、アメリカは実に広く、その地理的な多様性が、いかに各地の環境の造形に反映しているかを改めて知らされたのだ。以前、ぼくは東部の学校にいたが今度は同じアメリカが違って見えた。

その後もアメリカで教える機会が与えられた。主に東部と西部、さらに中西部の学校に招かれたのものだが、それぞれの行き先で、ゆっくり滞在する機会が与えられた。

まず79年に出かけた先はカリフォルニア大（バークレイ校）だった。日本の学校の学事予定との関係で、毎年春学期だけを選んで6回、つまり通算すると6年間も通ったことになる。毎回それぞれ

3 週間から 5 週間ほど滞在した。住まいはその都度バークレイやサンフランシスコさらにオークランドと、つまり学校からあまり離れていないところにみつけることができた。

さて、ここの学生たちは全米各地から集まって来ていて、いろいろな人種が入り混じり、そこがなかなか面白かった。またアジア各地からの留学生がかなり目立っていた。

今振り返れば、ぼくはアメリカの学校の教育環境がはなはだ印象に残っている。正直いって学校での学生とのコミュニケーションは、日本やほかの国の学生とあまりかけ離れているとは思わなかったが、その学習環境の違いには圧倒された。これはアメリカ西海岸だけのことではない。どこに行ってもそうなのだ。逆に見るなら、なぜ経済的に恵まれた日本に、これほどの数の大学がありながら、その環境たるや優れたところが少ないのだろうか。

アメリカ東部にあるハーバード大学に呼ばれたのは 87 年だった。以前、60 年代初めに、ぼくはここの同じ学部（大学院）に学生として通っていた。その頃と比べて校舎は全く新しくなったし、規模もかなり大きくなっていた。それが果たして良かったのかどうか、ぼくの個人的な思い出といつまでも争い続けた。正直いって、ぼくにはここの新しい校舎は大きすぎ、学生や先生の数が多すぎてなかなか馴染めなかった。昔はもっと小さな建物に建築科があって、そこの校舎で味わった学生間のあの親密さはどこかに消失してしまったのだ。それが一番の問題だった。

ここでの課題は、事前に聞き入れた学生の希望を反映して、敷地を「東京」にした。一学期約 12 週間を谷口吉生と前後二つにわけて受け持つことにした。彼もここの卒業生で、後半の約 6 週間を担当した。

課題の内容を2人でいろいろ話し合った末に、丸の内にあった東京都庁舎の跡地利用に落ち着いた。同じ課題の国際デザインコンペが発表される直前だったのでタイミングが良かった。

前半を受け持ったぼくは、丹下健三の手掛けた旧都庁舎を残存させ、その建物の再利用計画を含むことを条件にし、後半は同じ敷地に全く新しい計画を要求した。

20名近い学生が、ぼくの課題を選択してデザイン・スタジオができ、その中には日本人留学生も2名いた。またアジアの国からの留学生も目立っていた。ちなみにぼくのスタジオを選択した韓国からの女子学生は、ソウル大学出身で留学して間もないのに英語での不自由はなかった。ぼくも含めて日本の留学生は少なくても最初の1年はことばで苦労する。彼女にはそれがなかったし、デザインの資質も優秀だった。事実ソウル大学で提出した作品をアメリカにきてからコンクールに応募したら最優秀賞に輝いたほどだ。

ぼくのスタジオの課題は、日本人学生以外まだ見たこともない東京を敷地にしていたにもかかわらず、大半の学生は計画作業に有効な情報を難なく入手できていた。まだパソコンもインターネットも今日ほどの個人的には普及していなかったにもかかわらず、それが可能だったのは、図書館のおかげだったと思う。そこはコンピュータに頼って、日本の大きな図書館の資料をほぼすべて同時的に閲覧できた。もちろん当時の「東京都庁舎」も建築として情報化できたのだ。

授業は講評会をもって終了する。講評会にぼくは何人かの現地の建築家を招いた。そうした学校の内と外の交流は、日本でも最近は行われるようになってきたが、その頃は学生たちにとって実に新鮮なことだった。

　その昔グロピウスがバウハウスからアメリカに渡ってハーバード大学で教えたときこう言ったそうだ。

「アメリカで良い先生は、良い聞き手でなければならない」

　ぼくも自分の限られた経験の中で、それをしみじみ感じることができた。お喋りということは、自己主張がはっきりしていることだ。その点日本の大学では、一般に学生たちはあまり語らない。逆に学生たちより明らかに先生たちがよく語り、しばしば語り過ぎになっていることもある。


　同じアメリカでも中西部では少し違って感じられたのは、89 年から 90 年にかけてイリノイ大学で、1 学期を受け持ち日本から 3 回に分けて通学した。ここの学生たちは一様に素直である。しかし、ここでも彼らの自己主張ははっきりしている。

　中西部といっても広いが、前後して訪ねたカンザス、シカゴ、ミネアポリスなどを廻ったが同じ印象を受けた。ひと口に云ってそれはある種の「落ち着き」のようなもの、あるいは東部の人とは全く違う生活のテンポが学生に中にあるのだ。

　いろいろなデザインの課題を出して、学生たちがそれに応えたが、ここではそのプロセスが大切だった。会話以外にスケッチや模型などいろいろなメディアを使って学生を助けるというのが一般的なやり方だった。それはデスク・クリケィックなどと呼ばれていた。ここでけたたましく喋る学生は少ないが自己主張は明快である。

　この頃になって、パソコンが有効なデザイン・ツールとして広く使われ出し、それを利用する学生の数が次第に増してきたことに気づいた。実にそれは「語り」以上に表現力を獲得してきたのだ。

ぼくはかねがねデザインの創造性とは発想と表現技術が重なりあったものだと思っている。そして表現技術のうちで、道具（ツール）がかなり支配的だとみられる。つまり、建築の創作過程で、デザイン・ツールは表現とともに発想の道具として無視できない。

ちなみに、ぼくが学生のときから簡単に振り返ってみて、今日と比較しただけでも、そこには大きな違いが見えてくる。

ぼくの学生時分、提出する最終の図面は「墨入れ」で表現し、その道具はほとんど「烏口」だった。製図板の上にケント紙を貼付けてそれにT定規で何日も何日もかけて線を描いた。製図板の左側を上下させるT定規と三角定規で縦横に線をひいた。しかも2、3本描く度に烏口にインク（それは硯に摺った墨汁だった）をたらしたのだから、それはべらぼうに時間がかかったものだ。この一日製図板に身体を押し付けている姿を「蒲鉾」と呼ぶ人さえいた。

やがてT定規と烏口の時代は終わる。T定規は平行定規やドラフターなどに替わり、烏口はロットリングなどに替わっていった。一方で複写機が良くなってその結果、青写真は複写機になった。そうなると原図はインクで描かなくてもシャープペンシルなどで充分になった。コピーの質もますます良くなってきた。

パソコンが個人に普及し、CADのアプリケーションが広く使われだしたのは、それからアッという間だった。「蒲鉾」は、ほとんどいなくなった。パソコンの前で株取引をするブローカーと建築の図面を制作するデザイナーとは区別ができないのだ。

こうしたツールの革新は世界で同時的に発生したようだ。コンピュータが現れ、個人との対応を拡大すると表現力が異次元に入り込んだ感じである。当然のことながら、表現性が変化していった。一口に、斜線や複雑な曲線がまして、形態の自由化が拡大しその度合いが増していったのだ。

ぼく個人が経験したこの期間を振り返ると、ほぼ40年くらいだった。まさに画期的な変化の時代を通り抜けた感じがする。問題はこれから先一体どうなるのかということである。ツールはこれからも技術的に進歩することは間違いないし、ソフトも進化するだろうけれど、一体われわれの発想力はどうなるのか。

2000年の春だった。ハーバード大学の学生のアトリエ風景を40年前に卒業した同期生一同が見学する機会があって、ぼくもその一人だった。現役の学生たちはそれぞれ自分のブースが与えられ、そこに自分のツールを持ち込んで仕事をしていた。明らかに昔より恵まれている。その時点でほぼ80%が既にパソコンを持ち、CADを使っていた。なかには大きなデスクトップのハードデスクを2台も備え付けていた学生がいた。この頃はラップトップはまだそれほど使用されていなかったし、インターネットに至ってはこれからだった。さて、学生たちの作業ブースを訪ねて歩く見学者の卒業生たちから、時々大きな拍手と歓声が湧いた。それは、パソコンを一切使用しないで手書きのスケッチを続ける学生のブースを訪ねたときの、卒業生一同の歓喜の表れだった。それは間違いなく自分たちの過去の思い出を偲んだものだったのだ。卒業生の一人は“やはりコンピュータは考える道具じゃない!”と小声でぼくに呟いた。

日本だけではなく、世界のあちこちで建築の学校で、最初の1、2年はパソコンの使用を一切禁止し、フリーハンドの図面しか受け付けない教師もいるにはいる。「コンピュータは考える道具じゃない」と信じているのだろう。実は、ぼく自身もそれに近い考えでいたのだが、最近出向いたヨーロッパの学校で若い学生たちと彼らの作品の志向性と付き合ってから少し考えが変わってきた。

2006年の春チェコにある大学から招かれて、リベレッツという都市に約3カ月間滞在した。ここでの経験から、ぼくはもはや「コンピュータは考える道具じゃない!」とは云い切れない時代の到来を確認したのだ。

チェコは寒い季節だったが、校舎は床暖房が良く効いていて、半袖の学生たちの熱気で大きなアトリエは一杯だった。ここではコンピュータがまさに必需品だった。ワイアレスの接続が全ての学生に行き届き、インターネットも自由だった。CADのアプリケーションも多種多様。またコンピュータの不調のときに備えて、サポーターが学校に常駐していて、いつも学生の相談にのっていた。日本の学生と較べてここの学生たちの生活は一般に恵まれていないし、経済的には明らかに落差がある。学生たちはコンピュータをまさに「考える道具」として、自分の身体的な機能のひとつにしているように感じられた。

自分のイメージがかなり忠実に画像化されているようだ。それは建築の「約束事」からではなく、イメージとの回路において成立している。しかし、どんなに優れたワープロであってもよい文学作品を約束しない。同じくパブリックアートとしての建築の場合それを成立させる「約束事」は幅広く奥深い。どんなイメージでも本来的にはその約束事を満たさねばならない。今後、そこのプロセスにコンピュータはどこまで有効なのだろうか。

10. 面白い学校：武蔵野美術大学 10 号館

「武蔵野美術大学 10 号館」の設計を依頼されたのは、ここで教え始めて 17 年目だった。学校当局からこんな仕事を頼まれるとは思いもよらなかった。何故なら正直にいって、ぼくは学内で、「教える側」の評判がよくないと日頃自覚していたし、とりわけ教授会への出席がよくなかったのだ。だから理事会から新しい校舎の設計など、依頼されるはずがないと考えていた。案の定、仕事は同じ教授仲間の寺田秀夫氏と共同というかたちになった。

もともと、この学校キャンパスは大先輩の建築家芦原義信氏の手になるもので、計画の一部の完成とともに、氏自身がここで教えることになった。

その頃、ぼくはたまたまヨーロッパに住んでいて、時々この先輩が渡欧するたびに、ぼくに知らせてくれて食事などを一緒にしたものだ。そのたびに、「日本ではあまりお目にかかれない新機軸の建築科」をこの学校で創設したという彼の意欲も聞かされていた。その昔、ぼくがアメリカに留学する際、彼にはいろいろ案内を受けていたし、加えてアメリカの大学も同じハーバードだったから、話題も何かとかみあった。

たとえば、ハーバード大学のあるアメリカ東部の町ケンブリッジには、それぞれの思い出があってそれを懐かしく話し合った。ここの郵便局の設計に彼が加わったという話を聞いてぼくは驚いた。また、この町の目抜き通りのマスアヴェニューに小さな日本料理店「羅生門」をぼくが設計した話は彼を驚かせた。

1964年に日本に帰国してまもなくだった。この先輩が突然会いたいといってきた。そして彼はこの学校で「教えてみないか」と誘ってくれた。以来、退任するまでの40年以上もぼくはここの大学のお世話になったことになる。

キャンパスの全体計画は非常に単純かつ明快で、まさに芦原義信氏の「外部空間論」をごく素直に視覚化したようなものである。

簡単にいえば、東西にのびる長い軸と南北にのびる軸が、中央の大きな広場で交差していて、主要な学習施設は皆それにそって巧みに配置されている。その軸線は、時には建物の外を堂々とすり抜け、あるときは建物の内部を貫入して、また外に出るといったように全体をまとめている。自分が全体のどこにいるかがわかりやすい。多くの人の共感を得る環境である。

ぼくらに与えられたこの建物の敷地は、ちょうどその軸とは直接の関わりをもたない。北東の角地に位置していて、そこで交わる公道に面していた。

何回となく全体の配置図を見返し、自分の経験を絡めて考えた挙句、ぼくはある一つのアイデアに思いあたった。これだと思った。

もともと建築の創造性とは何かと問われると、それは発想と技術力から生まれるとぼくは考えていた。そのうち、発想とは一つのアイデアが中心になって展開するものだ。あるいは一つとは限らないかもしれない。また、それは具体的に言い表せないようなものかも知れない。いずれにせよ、アイデアは建築の発想の初期の段階から動き始め、なにかしらの形をつくりだす大切な「きっかけ」をつくる。ぼくの計画で最初に思い当たったアイデアは、はなはだ単純にして

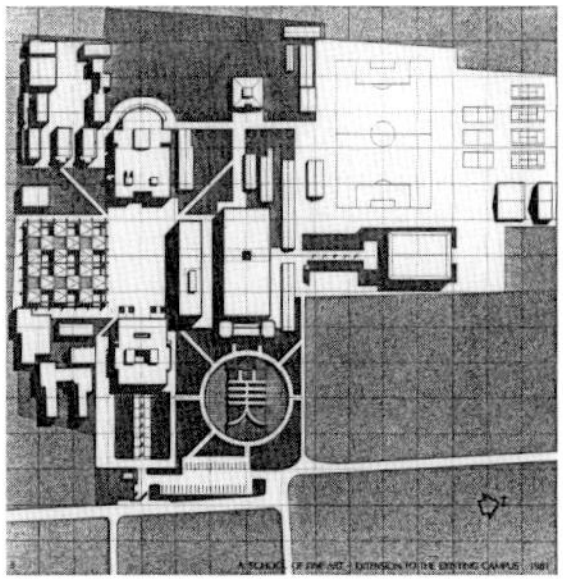

武蔵野美術大学10号館戯画 1980-81

武蔵野美術大学 10 号館戯画 1980-81

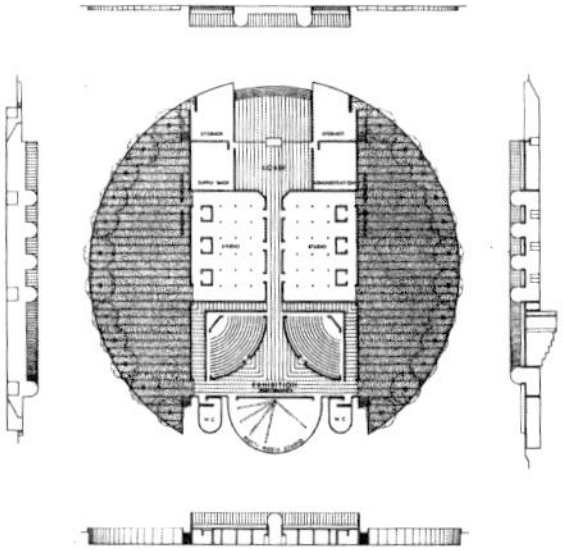

武蔵野美術大学 10 号館戯画 1980-81

明快なものだった。

この学校の徽章そのものが建築の形にならないか。そう真剣に考えた。ここの大学では漢字の「美」が徽章として使われていた。なぜそうなったか、美術大学だったからだろうが、他にもいろいろ由緒があったが、今はもう覚えていない。大切なのは由緒よりも、むしろそのシンボル性にある。何れの学校にもシンボルとしての徽章があるはずだ。昔ほどその象徴作用が広がりをみせないが、それは確実性の高いものだと思う。

ぼくの思い当たったのは、いわゆる“アルファベット建築”というのに属するのかもしれない。今はそう思わないが、当時はこのアイデアにぼくは興奮した。早速、内部空間などの割り付けなどをして一応その基本案を図面化した。早速、共同作業を約束した寺田秀夫氏にみせた。しぶしぶながら彼は一応同意したが、その案を芦原義信氏にみせることをすすめた。

ある日の午後、寺田氏とこの先輩の事務所を訪問した。

ぼくの期待は見事にはずれた。この案への彼の拒絶は明らかだった。彼は不満を爆発させた。まさに烈火のごとく怒った。こんな反応を見せるこの先輩建築家をみるのは初めてだった。寺田氏も驚いた。彼の怒りの理由はいろいろあったが，今はもう思い出せない。要するにぼく（ら）のアイデアも、基本デザインもだめだった。ようするに彼は嫌いだったのだ。同行したパートナーは内心ホットしたように見えた。

今考えると、それでよかったのだと思う。

一般にアイデア先攻型のデザインは得てしてこういうことに陥りやすいのだ。そのアイデアに何らかの動機性がないと、そうなるのかもしれない。

ぼくがアメリカの大学で学んでいたとき、先生の一人にポーランドの建築家がいた。彼は国を亡命したとき、巨大化した男根の模型と図面を制作し、それらをサロンに送り届けた。彼はそのままコルビュジエのところにいって、やがてアメリカにわたった。この建築家が日頃忌み嫌った傾向が“Pre-conceieved Idea”だった。それはぼくがいうアイデア先攻型のことだったのだ。アイデアには動機性がないと成立しないという。この建築家にどってそれは機能だったのだ。つまり彼はまぎれもなく機能主義の建築家だったのだ。

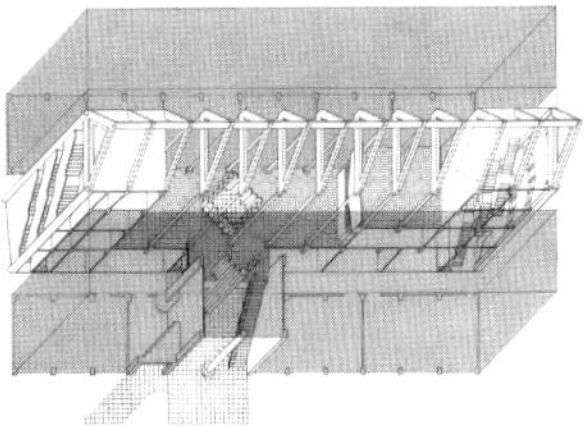

武蔵野美術大学 10 号館 1981

最終案（実現案）は既存の全体配置図をより重視した案だった。外部に向けた建築表現の個別性をなるべく抑えることが大切だった。外部表現を抑えたかわり、内部空間をより豊かにした。そのためのぼくの提案は内部に大きな「吹き抜け」をもうけることだった。そこは外部扱いだったので、工事費のかかる防災設備は不要だった。

外から見るとほかの建築とはあまり変わらないが、内部は全く違った 10 号館はこうしてできあがった。実際、打ち放しの外壁や高さとか、さらに開口部の大きさなどは他の建物の外部とほとんど同じなのだ。しかし一旦内部に入ると大きなアトリウムが待ち構えている。中央内部に展開するこの光空間は 3 層 (2 階から 4 階）あり、概ね階別に学科が分かれ、しかも全部の部屋がこの光空間に面しているのだ。

アトリウムは学生たちが自由に使っていい場所である。両側にある列柱の上部にはそれぞれに滑車が取り付けられる。そこから何を吊るしてもいい。ここの学校ではほとんどの学科を問わず、つねに

武蔵野美術大学 10 号館 1981

いろいろな物、とりわけ視覚的に面白い物が展示されている。

建築学科も完成後はこの 10 号館に入る心算りでいた。しかし、何かの理由でその機会を失ってしまった。多分「くじ引き」で運悪く負けたのかもしれない。あるいは主任教授が遠慮したのかもしれない。いずれにせよ、ぼくが予想していた通りにはならなかった。

ところで、もともとここの建築科に期待された「新機軸」とはいったい何だったのか。ぼくは時折そういうことを考えつづけた。日本では建築を教える大学の数が多すぎる。東京周辺だけ数えても 30 校以上も有る。日本の場合、工学部に属するものが圧倒的に多いようだ。もっとも、ぼくの学校は美術系の大学の一学科だ。美術学校にある建築科というのもユニークな特質だろう。しかし、工学系も美術系も本来的にはそれほどの違いはない。つまり建築を学ぶということは、それ自体他の学修から独立して特殊なのだ。

「新機軸」を指摘できるとすれば、教える側の方にではなく、教える側と学生たちとの関係だろう。ぼくがかつて教師として滞在したことのあるデンマークでは「学ぶ側」と「教える側」の区別が曖昧だった。事実「学ぶ」と「教える」の言葉の違いがはっきりしない。自動詞と他動詞の区別がないのだ。LEHRER という語は「学生」と同時に「教師」を意味する。それに似たことをぼくは目指していたのかもしれない。

確かに教師の側から見ると，学生といるだけでいろいろなことを教わる。建築をつくる側から見ると，その対象とする範囲は限定できないほど広くて大きい。“何でも建築だ”とする視点からみると学生たちとの接触は何でも含まれる。

ぼくが心がけていたのは学生たちが、積極的に参加する機会を設けることだった。デザインを学ぶ学生たちが課題として設計作業を終えた後、アメリカではJURYとかREVIEWとか呼ばれている作品の公表会（講評会）が行われる。それは誰にとっても記憶に残る出来事だ。同じ趣旨の講評会をわれわれは開校以来やってきた。それに参加して同時に発言する学生たちを大いに歓迎した。

さらに、その後には学生とのパーティをよくやった。教室が1階になることが多かったので、まず外には庭がつくられ、そこにバーベキューのための炉（ファイアプレース）をつくった。学生数が多くてせいぜい60人ぐらいだったから出来たのだと思う。やがてこのバーベキュー炉は作品の発表会に限らず、新入生歓迎などいろいろと使われるようになった。全校生徒が全員参加するといささか小さすぎた。（やがて、学生数が増え、教室の場所のその位置も変わってしまったので、バーベキューはできなくなった。しかし，教室内でするパーティーは習慣化されていった。）

2004年、ぼくはこの学校を退任した。1964年から数えてほぼ40年間この学校にいたことになる。今から振り返ってみるとそんなに長い間ここにいたとは感じられない。なぜだろうか。一般に時間の流れがはやく感じられるのは、「面白いこと」をしたときだ。ぼくにとってこの学校での40年は実に面白かった。その面白さが、ぼくに40年の時間の長さを感じさせなかったのだろう。多分そうだろう。問題は学生たちの側でどうだったかということだろう。彼らがぼくと同じくらい、学校を「面白い」と考えていたのだろうか。

11. 終わらないコンペ：イラク王立モスク

「国立モスク：100日間コンペ」と名付けられた国際デザイン・コンペに参加しないかという問い合わせがテレックスで送られてきたのは1982年の春のことだった。

テレックスの招待状が舞い込んだわけだ。それは文字だけのドライな文面だった。当時中近東で手広く仕事していた日本のコンサルタント事務所に、まずぼく宛の第一報がもたらされ、それがぼくのところに転送されてきたのだった。この頃は海外の仕事でも続けてないかぎり、テレックスなど設置している事務所などなかった。

文字だけのテレックスには、このコンペの条件などがいろいろ細かく書かれてあった。作業期間は「現場見学を含めて100日間」ということで、世界の各地から、限られた数の建築家が呼ばれていた。作業報酬もまずまずだったし現地訪問のために交通費や宿泊費など、かなり制作者の便宜を図ってくれていた。なによりイラクのイスラム建築へ向けた関心が、ぼくの中には以前からくすぶっていて、それがこれを機会に急に炎になって吹き出した。

当時イラクと戦火を交えている隣国イランには、ぼくは何度か訪ねたことがあった。それはまだパーレビ国王の時代で、服装や食生活には今と比べようもないほど開放感のようなものが漂っていた。テヘランをはじめイスファハンを中心に南部の地方都市をアチコチ歩き廻ったのだ。歴史遺産や、なお生き続けているバザールの印象が強く焼き付いた。このイラン訪問は、たまたま1962年にパリで開かれた世界女流建築家会議で知り合いになったイランの女流建築家のアドバイスによるもので、地方の宿泊先と面白い人物の紹介など、ぼくの旅行にもいろいろと便宜を図ってくれたのだ。

一方、ぼくがイラクの建築に初めてお目にかかったのは、その昔アメリカ滞在中のことだった。学生時代に参加したギーディオンの主宰していた、なかなか印象深いゼミ（“Human Scale” と名付けられていた）で、イラクの面白い事例を見たのが初めてだった。また、60 年代の初め、バイトでグロピウスの事務所の TAC で設計中のバグダッド大学の模型をみて、その規模の大きさに息をのんだ。さらに大学卒業後に就職したセルトの事務所で、はじめて参加したのが、なんとバグダットに設計中のアメリア大使館だった。この建物で、直射日光を遮るための屋根のデザインが面白かったし、また周辺のランドスケープを担当したササキ（SWA）のデザインには尽きぬ魅力を感じていた。

60 年代の初めのアメリカは、中近東にかなり友好的な関係を保っていようだ。そのせいもあってかアメリカ東部の設計事務所ではイラクとかイランのビッグプロジェクトが展開していたのだろう。

それにしても、なぜぼくのような者がこのようなコンペに呼ばれたのか？

後で判明したことだが、このコンペの 2 年前にたまたま参加した国際コンペに入選作で選ばれたことがどうやら原因だったらしい。それは「イスラム文化センター」のデザイン・コンペで敷地はマドリッドだった。武蔵野美術大学の大学院の学生有志と応募し、それが予想以上に好評だったらしい。事実、最終的には 3 位に落ち着いたが、審査員を務められた日本の建築家、篠原一男によると、ぼくらの作品は最後の最後まで最優秀賞を争ったそうだ。この授賞式

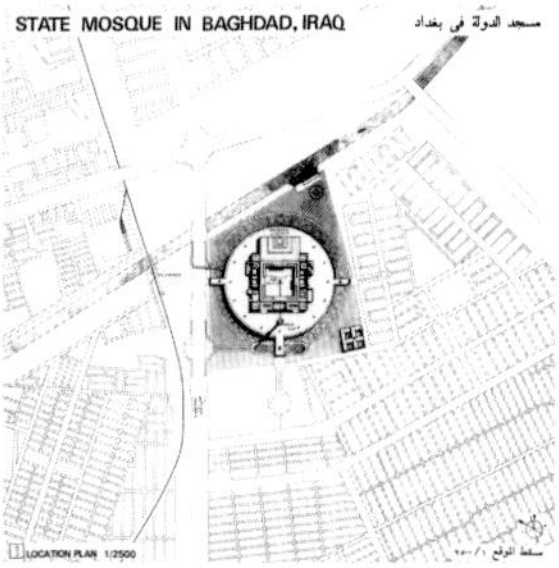

国際コンペ・イラク国立モスク 1983

国際コンペ・イラク国立モスク 1983

にぼくは出席できなかったが、院生が何人かで、はるばるマドリッドまで出かけた。それはかなり盛大な授賞式だったようだ。制作者たちが予想以上に若いのに審査員は皆驚いたようだ。その結果、賞金とは別に、はるばる参加した若者たちを讃えてボーナスまで出してくれたという。プロフェショナルに混じって頑張ったわれわれへの賛美は相当のものだったらしい。

この国際デザイン・コンペは、UIA（国際建築家集団）の承認済みのものだったが、その企画や審査員の段取りをしたのがジョージ・ダドリー George Dudley という名のニューヨークの老建築家だったということが後で判明した。

この人はその昔、ニューヨークの「国連ビル」の設計に当たって、いわゆる Secretary Architect を務め、コルビュジエとかハリソンなどをこの仕事に参加させたのだった。以来自らはアーバンデザインを専門に各地で教えるとともに、膝もとのニューヨーク市をはじめ、海外の都市計画とか建築の仕事の実現に、そのコーディネーションの手腕を発揮してきたようなのだ。

アメリカの政治や経済が中近東に歩み寄るとともにダドリーもアラブ・イスラムの圏域に拡大し、このイラクの国立モスクの国際コンペなども彼の企画に寄るものだった。そしてあの絶大な権力の持主であったサダム・フセインも彼にかなりの信頼を寄せていたのも当然だった。

いよいよバグダッドの現地を訪問する時が来た。ロンドン経由でイラク航空の航空券が送られてきた。イランとの戦争の余波でなかなかバグダッドには直行できずキプロスを経てどうにか到着した。

季節は春だったが予想していた通りの暑さだった。なんと、到着早々に宿泊先に指定されたホテルのすぐ前に相手国イランの国旗がはためいていたのを見てぼくは驚いた。イラクとイランが国境付近で交戦中ではなかったのか？　それは国際法にもとづく宣戦布告なしの交戦状態だったそうで、国家と民族と宗教の複雑な絡み合いの現れだった。

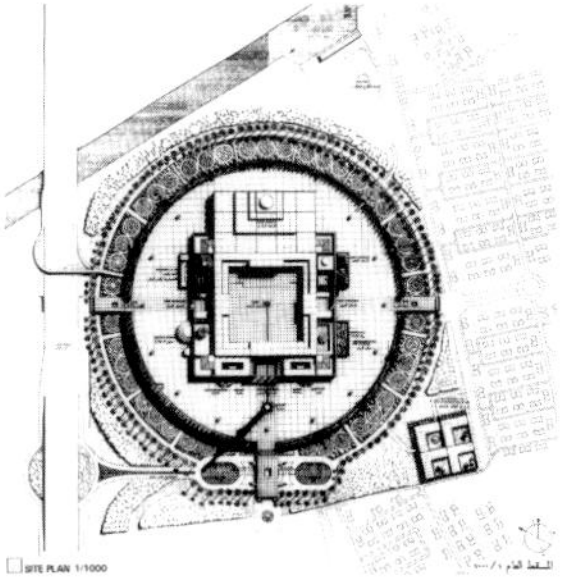

国際コンペ・イラク国立モスク 1983

バグダッド市街地とモスクを予定されている敷地はもとより、地方都市の歴史遺産となっているモスクなどを観て廻った。例えばサマラやチグリットのモスクなども、このときに初めて訪ねることができた。加えてバグダッド市街地のアチコチにあって、毎日の礼拝に使われているモスクなども見た。自然や建物はもちろん人の風景などすべてが、ぼくの好奇心を引きつけてやまなかった。街中に流れるコーランが耳の奥にいつまでも残った。

その昔アメリカで参加したバグダッド大学の計画が今なお工事中だったのを知り驚いた。TAC で設計をしていた知人が現場で今なお設計を続けていることも知った。ここでは時間が何かべつの速度で流れているのだろうか？

さて、モスクの敷地はチグリス河に近く、その昔バグダッドが円形都市の形態を持っていたと予想されている、その中心部に近いところだった。もっとも現在は何もないただの平地のままだった。

現地でこの国際コンペは 8 名の建築家を指名して開催されることが判ってきた。それがどういう経緯で選考されたのかは不明だったが、制作者の名前だけは判った。ロバート・ウェンチューリ（アメリカ）やリカルド・ボフーィル（スペイン）など著名な名前も幾つかあった。しかし、応募前には彼らには会う機会はなかった。正

国際コンペ・イラク国立モスク 1983

直いって、こうした名の知れた建築家とコンペで争うということより、こうして現地を訪ね見知らぬものに接することにぼくはとても興奮していた。

イスラムの文化を理解するために、歴史の勉強が欠かせなかった。しかし、知れば知るほど、そのカラクリは不思議とぼくの実感からかけ離れていくように感じられた。

建築に限ってもそれは云えた。例えば、同じモスクでもイランとイラクではその形式が大きく違う。イランはイスラムでもアラブではないからだ。また、イスラムでもシーア派やスンニ派などといった分派によってかなり違いがあり、また相互に入り組んでいる。建築の形式の問題を取り上げる場合、どうしてもその意味の内容や広がりを無視することは出来ない。とりわけ、イスラム建築の場合は、かなり違っている。シンボリズムの問題はわれわれが噛み締めなければならない問題をはらんでいるようだ。

これは一つの例だが、ここに湾曲した屋根の形がある。モスクに限らず公共建築や私的なものにも多く見かける屋根型だ。あるいはアーチ状の梁もこれと同じかもしれない。何れの場合でも両端が下方に向けて湾曲しているのだが、問題はその頂点の部分の形である。ここのものは何れも、先端部が同じ曲率の円周上に存在しないで先が尖っている。いわゆる尖塔型をしている。尖塔ドームや尖塔アーチなのである。幾何学的には、円弧の中心が下方に二つ存在するといってもいい。中心が一つの場合は頂点が尖らず連続し丸くなる。

これには動機があった。中心を二つもつ方がかたちを決めやすかったのだという。中心が一つの場合より、二つの方が精度はいらない。任意に選んだその二つの位置は多少間違えても良い。そして、このかたちが広く使われ、また長い歴史的な時間が経過すると、シンボル化してその意味するものが人々の間に固定化するようになっていった。確かに、尖塔型に見慣れてくると半円型のものとその意味が違ってくる。

エジプトの建築家ハッサン・ファッシはそれを「上昇感」の表現と言い当てた。そして半円型のものの「下降感」とのその意味の違いを明快に指摘した。彼はイスラムの建築の共通感覚は、その上昇感の表現にあったと説く。それこそが「砂から生まれ天空の星になる」というイスラムの教義に適ったものなのだろう。

いろいろ学習を重ねながら、試行錯誤を繰り返して、ぼくらの案が決まった。

何となくにわかに学習したイスラムやイラクの学習録という感じがしないでもなかったが、かなりのプレゼンテーションだった。2.5m × 2.2 m以上にもなった建築模型も航空便で送ったが、いざその段階で事務所のドアから外へ持ち出せずに一苦労したのを思い出す。世界各地に散らばる制作者からいろいろな計画案が〆切までに集まった。しかし、審査結果は未発表のままなのだ。サダム・フセイン亡き今、このコンペの結果は永遠に発表されないままなのだろうか。

後日譚

2003年、武蔵野美術大学を退任するに当たって、ぼくが用意したデザイン実習の課題は「バグダッド大学再興計画」だった。イラクから悲しいニュースが、その頃連日テレビや新聞を飾っているにもかかわらず、ここはわれわれからは遠い国の話だった。とりわけ若い学生たちにとってはイスラム教とともに日常の生活意識からは隔絶されたままなのだ。いくらかでもその距離を縮めることができないか。日本で建築を学ぶ学生と、同じ世代の若者たちが学ぶバグダッド大学を課題に取り上げてみた。その昔、このキャンパス・デザインがグロピウスの事務所で行われ、それに参加したぼく個人の思い出を含めて、それは大変有意義なことに考えられた。

現代では、その時代と確実に違うコミュニケーションの方法がある。インターネットだ。それを頼りにわれわれだけではなく、海外の学校と共同作業を試みた。カナダのバンクーバー大学（UBC)、ポーランドのクラコフ大学、さらにエジプトのカイロ大学だった。しかし、世界の大学ではカリキュラムが互いにかなり違っていて、とりわけ４月に新学期を始める日本の大学の独自性はどうしようもなかった。

それを前提に課題は進められた。そして最後まで課題に取り組んだのはバンクーバー大学の学生たちだった。互いの学生たちの自己紹介や今までの作品紹介をはじめ、この課題の取り組み方とか毎日のスケッチなどを画像でアップロードできるWEBSITEが用意され、それが偉力を発揮した。さらに中間時とか提出時のエポックではカメラで同時に画像と音声を交換した。

今では個人のレベルでもこうした画像の交換は可能になったが、当時は大学だからこそやっとできたのだろう。確かなことは、学習の場でこうした世界同時性の技術が、今後ますます利用されていくに違いないということだろう。

12. 選ぶ・選ばれる：プロポーザル方式と晴海客船ターミナル

東京都が発注する公共建築の設計を、一般の建築家にもっと公平に振り当てようという意図で「候補者選定委員会」が設立された。それは1983年のことだった。それからほぼ4年後の1987年には、丸の内にあった東京都庁舎を、西新宿の副都心に移転させる計画がいよいよ具体化して、その新都庁舎の案をコンペで募集することになり、そのため審査会が結成された。このコンペ審査のメンバーには「候補者選定委員会」の何人かが兼任した。

ぼくはたまたまこの二つの委員会のメンバーを兼任することになった。

はじめて話があったとき、それはぼくにとって全く寝耳に水の話しだった。第一、東京に限らず、役所とぼくは普段あまり接触がなかったし、どちらかというと役所からはかなり遠い位置で仕事をしていた。つまりぼくは、日頃行政のことには、背を向けて仕事をしていたのだ。従って、こうした委員会のメンバーにならないかと最初の打診があったとき、ぼくの戸惑いははなはだ大きく、即答ができなかったし、状況を判断するための時間がしばらく必要だった。

よく考えてみると、発注者側にたつ役所と設計家の間には、確かに大きな溝が横たわっているように感じられた。従来から「指名願い」という制度があるにはあるが、そこではもっぱら形式が問われているようだったし、設計家と役人との間の「距離」が重視されると聞いていたから、ぼくなどはとっくに諦めていた。加えて経歴のなかでもっぱら同類の建物の設計実績が重んじられていたようだ。

云ってみれば、同じ種類の建築設計の実績の有無の方が、作品の質を考えるよりは大切だったのだ。実績は役所の方にとっては安全保証だったのだろう。

実績といえば、外国ではこんなことも起こる。「いままでその種の仕事をしたことがない」ということが逆に秘められた魅力となって、こうした設計者に選定されることがあるというのだ。「才能があるのにこの種の仕事をしたことがないのは惜しい」というのは選定理由になるというのは、形式上で実績を重視するより確かに意味深いことだと思った。もちろん選ぶ側にそれだけの見識がないとできることではない。いや、本来的には審査員こそ作品の質や作家の創造力を見抜く力をもつべきなのだろう。

ぼくが引き受けたのは、まあこんな理由からだったのかも知れない。しばらく「選ぶ側」に立って、その辺のことを考える良い機会が与えられたと解釈したのだ。

かくして83年から90年頃までの間、ぼくは設計家選定委員会の委員をやらせてもらった。たしか7人いた委員会のなかではぼくは最年少と聞かされていた。それもあってか、役所側にはあまり名前は知られていないが、才能のあると考えられる若い人を設計候補者として推薦させてもらった。そしてその何人かは実際の仕事につながった。自分が推薦した人が設計家として選ばれるのは実に清々しい、大きな喜びに思えた。

この選定委員会を始めるにあたって、まずその選定の方法について何度も真剣な議論が重ねられた。その結果、プロポーザル方式とか公募方式、あるいは何人かを事前に選んで指名する指名型等々、仕事によっていろいろな選定の方式を使い分けることが定まった。

ただし計画案の作成に対しては、プロポーザルの提出物は最小限の要求に留められた。つまり、この作業は一切無償だったのである。

それにひきかえ新都庁舎の設計は有償のコンペだった。審査員には名の知れた評論家や建築家が参加された。そしてコンペにはすでに大組織事務所が候補者としてリストアップされていた。その候補者の再検討からこの委員会が開始された。リストに個人事務所、あるいは「アトリエ派」が誰もいなかったことに驚いた。だから、できるだけ「アトリエ派」を候補者に挙げるよう要望し、その理由を力説した。(磯崎新氏が選ばれたのはそのせいでもあったと思う。他にも何人か若手を推薦したが受け入れられなかった。)

期限内に応募された各チームの応募図書をすべて拝見して、先ず「これは凄い!」と感服した。大きな模型もあったし、なんといっても提出物が膨大だった。これらの提出物の作成に費やしたマンパワーはさぞかし大変だったろう。細かくみる前にぼくはそのことがとても気になっていた。やはり「大組織」でないとできないのか。いっそはじめから2段階にして、1回目は公募コンペにはできなかったのか。もっと多様な解決案が見つかったかもしれない。そんなことがいつまでも気になっていた。

何日にもわたる相当の時間と議論の末に結論が出た。

そして結果、丹下健三案が最終段階で投票によって選出された。もっとも委員会全員が賛成ではなかった。反対票が2票あって、その一つはぼく自身だった。単純に云えば、ぼくはこの案のもつある種の記念碑性は、行政をますます市民生活から引き離すよう感じられていたからだ。何れにせよ磯崎案以外は皆互いに類似していた。

晴海客船ターミナル 1991

ぼくのなかでは、その思いが大きく膨らんでいった。

設計者を選定するにせよ、最優秀案を選出するにせよ、いずれもぼくの性分には合わないいということが段々自分で分かってきた。委員会の約束の任期が来たとき、正直ぼくの実感は「選ぶ」より「選ばれる」ほうがいいというのは、はなはだ当然のことだった。もちろんその二つの側の努力の仕方は違うものだが、自分も設計する者の一人として、「つくる方」がやはりいいとしみじみ感じたのだった。

そう感じはじめた頃、幸運にもいよいよ自分で案をつくる機会を終に得られた。

それは1988年のことだった。ぼくの事務所にプロポーザルを出さないかという誘いが寄せられた。選ぶ側に立つのに較べ、選ばれる側に立つこの清々しさをぼくは正直喜んだ。それはデザイン・コンペに応募する清々しさと同じものだった。

それは何人かに限定された指名プロポーザルだった。このプロポーザルに何人が招かれたのか、またその選考過程はどうだったのかなどは、なにも聞かされていない。（その後何年か経て、こうしたプロポーザルやコンペの選考過程を一般に公開されるようになってきたようだ。）そして幸運にも、ぼくらの案が実施案に選ばれることになった。

計画の敷地は晴海5丁目で埠頭に沿ったところだった。この辺りには今まで何度か子供を連れて遊びにきていた。青山に住んでいた当時、週末になると、ぼくは子供たちのために下町に散らばる空き地を選んでハシゴしてまわった。山の手の大きい公園よりも下町の小さな方がぼくの性分に適っていた。車を使って埋め立て地にも

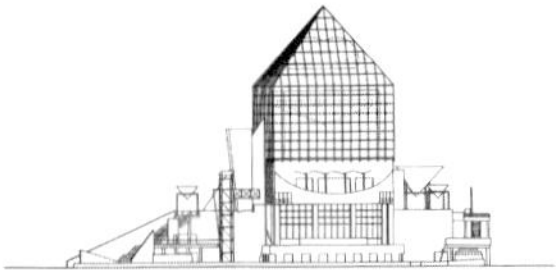
晴海客船ターミナル 1991

良く出かけた。当時住んでいた青山から高速道路で埋め立て地までは、渋滞がなければ、せいぜい20分くらいで行けた。お台場の開発が進む以前で、この一帯は埋め立て地特有の取り残された感じで、裏寂れた雰囲気が漂っていた。あちこちの埋め立て地で遊んだ帰り道に必ず立ち寄るのが、晴海の5丁目辺りだった。また正月三日には必ずここに行った。この期間は晴天に恵まれることが多く、凧上げに興じる家族の姿があった。それはまだ東京港に橋のできる前だった。ここ晴海は我が家の週末の遊び場コースのうちでも大切な場所だったのだ。

晴海客船ターミナル 1991

　地図でみると晴海は東京の中心部、たとえば銀座4丁目辺りからたった2km位で非常に近いところに位置している。にもかかわらず、都民の普段の生活圏からここは遠い。隅田川のせいだろうか。ぼくの記憶のなかでは、隅田川にかかる勝鬨橋はまだ開閉していてそこから先はあまり出かけた経験がなかった。佃島の古い商店街とか、時折見本市が開催された貿易センター（現在は解体されてしまった）に出かけたくらいだった。

　この辺りは海に近く、川にも接している。学生時分ボートをやっていて荒川放水路とか隅田川によく出かけたが、ぼくの川の印象はあまり良くない。東京の海も駄目だった。地図でみる水の都・東京と現実の間には開きがあった、今では「親水性」などという都市生活のアメニティが当たり前に叫ばれているが、昔の東京の水際はほとんどそれに当たらなかった。水が災害をもたらしたのも原因だろうか、水害でなくても東京の水は臭っていた。水際の風景も良くなかった。その点、海外で経験した川には忘れ難い良い印象が残っている。

晴海客船ターミナル 1991

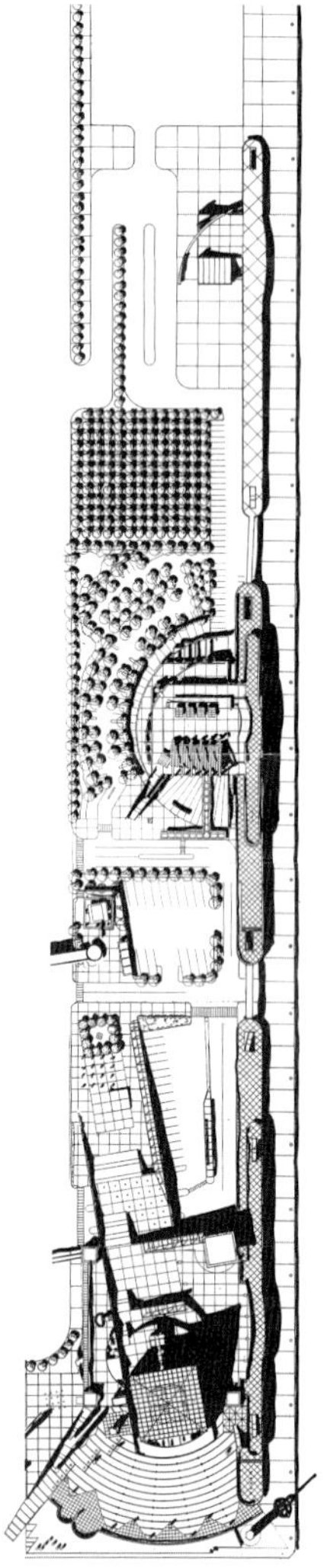

晴海サテライトターミナル 1994

例えばボストン近郊に２年余り住んだことがある。ハーバードに通っていた学生の頃、湾に注ぐチャールス河を望むアパートに暮らしていて、時折河畔の緑の中を散策した。雪が積もっても結構風情があった。水の汚れは気にならなかったし、少なくとも臭わなかった。川面を見ながら河畔を歩くのが楽しかった。その河を取り巻く両岸の街の風景がとても良かった。一度見たら忘れられない程だった。

同じ経験をニューヨークでも味わった。マンハッタン住まいで小さな車を持っていたせいか、河畔の高速道路をよく運転した。河を交えた町並みの風景がなにかを主張しているようでもあった。もっと開けた水の風景を見るために、最南端のバッテリー・パークにも良く出かけ、ときには夕日を追いかけてスタテン島までフェリーでいったりしたものだ。海や河の水は明らかに磁気を帯びていて、ぼくの興味を吸着したものだ。

水の風景といえば、真冬には海まで凍結してしまうコペンハーゲンの水も忘れられない。ここに３年間住み、窓越しに海が見えた。その向こうはスウェーデンという海峡だった。海に長い時間眼を向けていると、さまざまな風景が飛込んでくるものだ。海峡を行き交う船を見ているだけでも退屈しない。冬は海が凍るし、日没が早いからあまり水との身体的な接触はない。でも、勇敢な海の愛好者を目撃した。それはこの海で水泳を楽しむ老夫婦だった。この老夫婦は海が凍っても毎日必ず水浴に現れ、凍った水面に長い棒で穴をあけそこに飛び込んで水泳を楽しんだ後、長いローブを引きずるように羽織って帰っていった。それは毎朝ほぼ決まった時刻だった。そうした海の風景をぼぉーと眺めているのが楽しかった。

さて東京の晴海に何を期待すべきなのか。もちろんこの施設は基本的には客船のためのターミナルである。またそれは都民にとって、この都市にふさわしいランドマークを提供することになるだろう。

しかし、ぼくが一番期待したのは、都市生活と海や川との接近性を取り戻すことだった。東京は著しく変わろうとしている。とりわけ水とのかかわりが一般生活に反映されてきた。隅田川の水の汚染も治まりかけてきたし、両岸の堰堤のデザインにも親水性が求められてきたのだ。今まで「背」を向けていた川に「顔」を向けるようになってきたのだ。東京の隅田川だけではなく、地方都市の他の川でも同じことが同時的におこってきた。つまり市民生活に生まれたゆとりの中に海や川の水との接点を呼び戻したいという、都市感覚が生まれてきたとみることができる。

ぼくの晴海計画は水と陸を結ぶものだ。同時にそれは東京の今後の下町開発の新しい拠点になるという。ちょうどぼくが子供連れで週末の「空き地」で遊びに興じる辺りにさらに人口が定着するのだろう。それを予見してすでに東京港を渡る橋（レインボー・ブリッジ）が開始していた。

この年、すでに年間100隻を超える客船が外国からここにやってきていたし、その数は疑いもなく増加すると見られていた。客船ターミナルとしての基本的な機能に満足するのは当然だが、ぼくの意図は水際の公園をどうつくるかに始終した。船に乗らなくても船を見たい人もいるはずだ。海の水を眺めながら船の旅に思いを馳せる人もいるだろう。

水辺のにぎわいをどうつくるかといったいわば付加価値が、ここではなによりも重要であった。

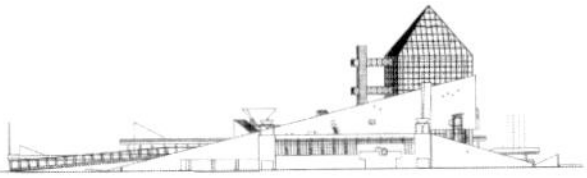
晴海客船ターミナル 1991

13. 生と死と：横浜北部斎場

この斎場設計の仕事は、横浜市が主催した指名プロポーザルに応募して、ぼくらのプロポーザルが実施案に選ばれた結果、もたらされたものだ。それは 1995 年のことだったが、この工事が完成するまでには、それからさらに 7 年ほどかかった。結構長かった。（正式には「横浜北部斎場」という名称だった。）

このプロポーザルに一体どんな建築家が何名くらい招かれたのか、あるいは選考委員のメンバーなどといったことは一切応募者に知らされていなかった。確か構想や基本スケッチを描いたものを 3 枚にまとめ、指定された期限内に提出し、その結果はわずか一週間くらいで判明した。以前ぼく自身選ぶ側でプロポーザルに参加した経験からいえば、発想の善し悪しを知るにはスケッチ一枚で十分だった。この仕事でぼくらの案が選ばれたということに、ぼくは大いに満足した。

計画案をつくるに当たって、ぼくが一番に考えていたことは、日常生活の場から追い出されてしまった「弔いの場」に少しでも何か救いのようなものを持ち込みたかった。人の死を通して、これから先に通じる希望のようなものを回復できないかということだ。あるいは、生と死とを同じ次元で認識することだ。そのために本来的な火葬場の機能に加えて、さまざまな機能を付加することを提案した。しかし、残念ながらこうしたプログラムの変更は今さらながら受け入れられなかった。その結果、この建物の機能に関する限り、他の都市にあるものと同じものになってしまった。

斎場でありながら、不思議とそこでは生の喜びを感じさせてくれるような実例は確かに存在する。残念ながら海外の実例になってしまう。

例えば、ぼくにとってストックホルムにあるアスプルンドの「森の斎場」(火葬場)はその一つで、それは忘れられないものだ。その昔、何年か北欧に住んでいたこともあって、ぼくはこの斎場に3度か4度訪ねた。実際にストックホルムを訪ねるたびにここに出かけ、ぼくはそこで不思議な時間を過ごすことができた。また、この「森の斎場」で礼拝を実際に拝見したこともあった。ここで目にする人間模様が日本のそれとはかなり異なった印象をもった。森の自然を含めて、生の息吹きを表す空間処理が随所にあって、生と死が本来的に連続していることを、知らずしらずのうちに、自覚させられるのだ。

このスウェーデンの火葬場は周辺の広い墓地に併設されている。日本では、法律によって火葬場と墓地は離して設けなければならないそうだ。従って、ぼくらの横浜の斎場も墓地から離れた敷地にあって、霊柩車などが行き来することになるのだ。近隣の生活者は、一般にこの霊柩車を日常生活で目にすることを嫌っている。

日本では死者の弔いの場は、日常の生活環境から確実に切り離され続けてきた。元来そこは人間の死を通じて、この世にある生の儚さに思いを馳せるところにもかかわらず、ここでは明らかに生と死が非可逆な関係しかもたないのだ。

横浜の斎場計画ための敷地は、正直いって不便で近寄りがたく、主要道路からも遠く離れていた。なぜこんなところを敷地に選んだのか、と率直な疑問がわくほどだった、敷地の内部を見て歩くのも

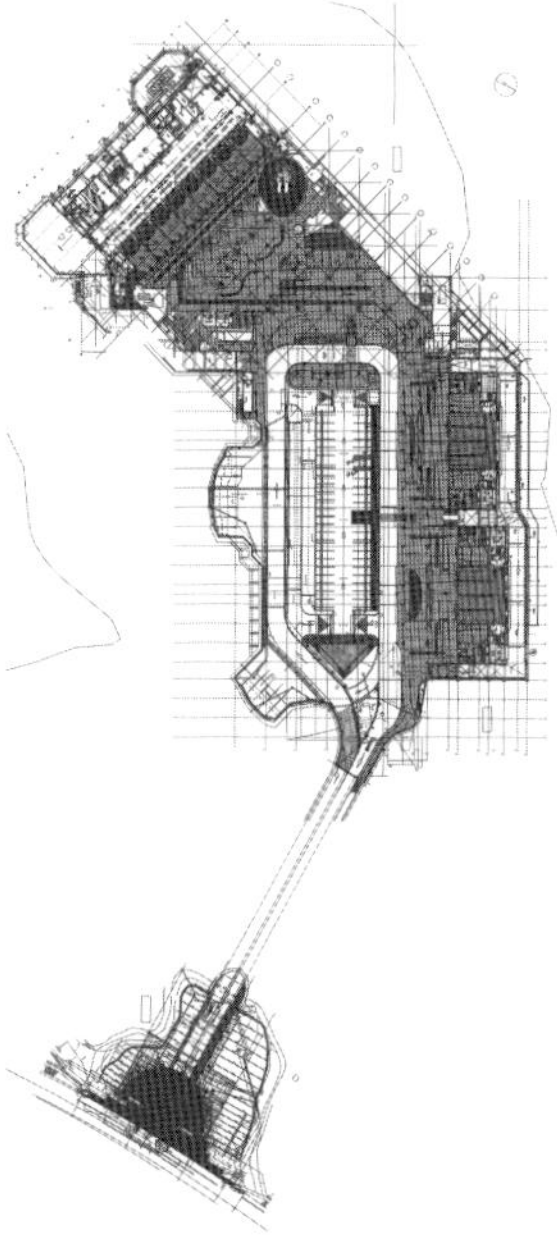
横浜市北部斎場 2002

難儀だった。なんといっても谷戸がつくる丘陵に位置しているので、そこに行くのには丘を越えねばならない。

横浜市当局は、この計画の敷地の選定にかなり気を遣ったようだった。当局がすでに手がけた「南部斎場」では、その土地の入手経過と建設をめぐって近隣市民の反対運動に火を着け、挙句の果てに裁判沙汰になったのだそうだ。だから、ぼくらの北部斎場では近隣住民にはかなり慎重な姿勢で望んだようだった。つまり、こんな不便なところを選んだのにはそれなりの訳があった。そのせいか、ぼくらが参加したプロポーザルの段階では、敷地はすでに決定していたし、この施設の計画プログラムはすでに公表されていたわけだ。

すぐ近くを走る東名高速の工事のために、むかし使われた２ｍ幅くらいの狭い隧道があって、それを抜けると、少しは近道になった。完成までには近くを通る公道から新しくトンネルを設けなければ、アクセスは無理なのだ。つまり敷地選定の段階から、ここは生活空間の日常性から隔離されていた。それは近隣住民が抱きかねない反感をはねつけるためでもあったのだ。

この地域に特有な谷戸がこの敷地の周辺一帯に広がる。われわれに与えられた計画用地は、その真っただ中にあって、その広い手つかずの敷地は大きく前方と後方の二つに分けられていた。そして前方の一部に、公道に面したやや平坦な導入部があり、後方は周囲が完全に丘陵で囲まれた盆地のようだった。一部はやたらとジメジメしていて、蛇が現れても不思議ではなかった。

この前後に分けられた二つの敷地をどう利用するのが良いのか。

まず敷地全体は、前方に隧道をつくらないと外部の公道とは結びつかない。火葬場などの施設のほとんどの機能は後方の敷地に計画されるだろう。問題はそうした機能はことごとく外部から見えてはならないということだった。近隣で生活する市民の目を避け、彼らの生活感情を刺激してはならないというのだ。かなり遠く離れたところにある中高層のアパートからも絶対に見えないようにという。いろいろなレベルの視線を想定して、どこからも見えないことを検証させられた。それはまさに存在するけど、外からは「見えない建築」を意味していた。そのために斎場施設の高さは、周辺のどこからも見えない程に低く抑えねばならなかった。またほぼ隣接して高速道路が走るのだが、そこにはびっしりと高木を植えた。専ら「見せない」ためだった。

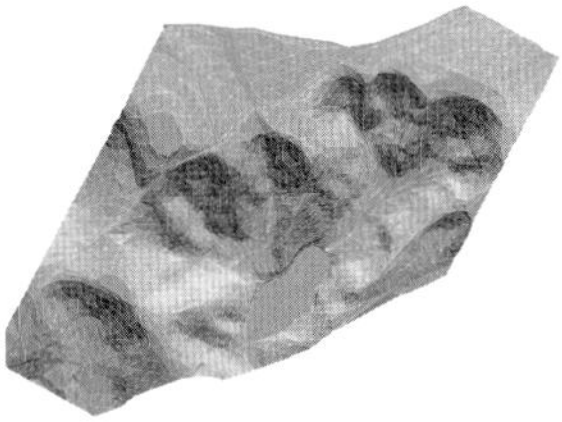
横浜市北部斎場（現況の敷地）2002

　さて、葬祭場の機能を大別すると、告別式を行うホール群と火葬場を中心とした部分から成り立っている。告別ホール、火葬ホール、待合室、収骨室などが「一筆書き」の単純な動線で繋げたのが火葬場だ。ここの敷地は広いとはいえ火葬の炉装置を15基も設置するとなると、さらに平坦な場所が必要だった。そしてそのために敷地の周辺部の斜面を削るかなりの土木工事が必要なのだ。その結果、ここでは建築より土木のデザインが主役を演じることになった。建築と土木とは元来同じなのに、ときには完全に相容れない不思議な「領域争い」を演じ続けてきた。(それは日本だけではなく海外でも同じような傾向が伺われる。) それもあって、ぼくは前面の広場を囲っている壁面は、可能なかぎり自然の丘陵のままにして、その仕上げには花崗岩を使った。石の壁面こそ人間の生の歴史を記録し続けた大地の延長と考えたのだ。

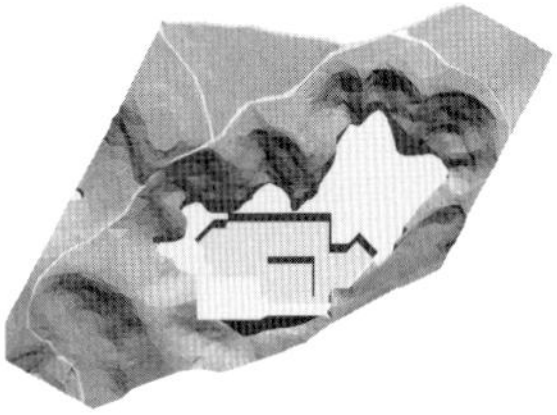
横浜市北部斎場（敷地の造成）2002

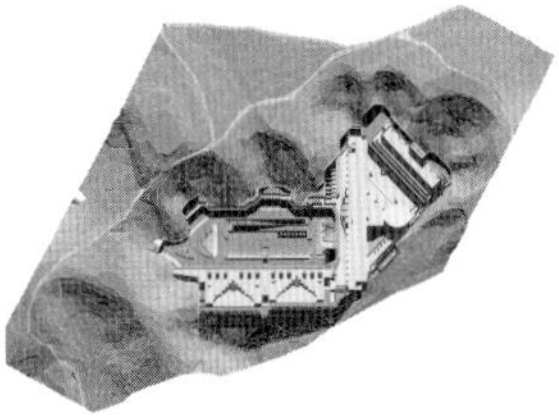
横浜市北部斎場（施設の配置）2002

横浜市北部斎場（ホール）2002

横浜市北部斎場（告別質）2002

ぼくの願いは、ここで会葬者が死者と話し合いのできる場と空間をつくりたいということだった。そのためにはむしろ、ここが外部の日常的なものから隔絶したほうが都合がいいのかもしれない。開き直る訳ではないが、外部の一般の人たちがここを見たくないというのなら、それはむしろそれで結構なのだ。そうしたことを、ここの内部環境の特質点にすべきではないのかと思えてきた。もっとも、あまりにも内部が閉鎖的になり過ぎると空間はエソテレックで神秘的になり、挙句のはて不気味さが漂ってくる。それを避けるために、ぼくは天空への開放を共通の視覚処理のテーマにした。敷地全体の配置計画、個別の空間処理、あちこちに現れる小さな外部空間、さらに部分部分に見え隠れするかたち、さらに参加してくれたアーティストの個々の作品などに一貫して天空への開放性を求めた。

周囲は丘陵で閉鎖されているが、そのなかでも前面にある外部空間は貴重だ。初期の段階では、水を使ったシンボル性の強い広場を考えていたが、実施段階では、市長の強い要請で、水は消え駐車場が中心を占めることになってしまった。

内部の空間構成は、1階に火葬場の本来的な機能が全て配置された。楕円形のエスカレータ・ホールで2階にあがると、そこは待合の場である。ここは会葬者が収骨までの時間を過ごす場所である。いわば死者が骨になるまでの約1時間程の時間をどう過ごすのか。まだ悲しみから抜け出せない人もいる。一人になって死者を思いかえす人もいるだろう。さまざまな人のさまざまな心の世界があるはずだ。周辺の丘陵地帯には灌木が茂り、散策にあてるのに好都合である。しかし、待合時間を外で過ごすというぼくの提案は、保安とか安全対策を理由に初めから受け入れられなかった。

この２階の中心部分には中庭がある。ここでは天空こそが何よりも大切であった。それを一層強めるため、水平に延びた長い壁面にシンボリックな装飾をつけた。無数のクローム仕上げの球体を半割にしたものを壁全体に散りばめた。全体では宇宙の星座を暗示し、接近して小さな球面の前に立つと自分の顔が歪んで投影される。この単純な形態が、押し付けがましくない「物語性」を増幅するだろうと期待したのだ。

さらに天空の力を強く暗示するために、太陽の直射光をプリズムで内部空間に投影することを考えた。生憎このプリズム自体は大変高価なもので、大型のものを数多く使えなかったが、小型のものはエスカレータ・ホールだけに取り入れた。

横浜市北部斎場 2002

天空への開放をさらに強調するために、懸垂線（サスペンション）の形態をあちこちのかたちに採用した。それは天空から垂れる垂直力を暗示している。自重がそうさせるのだが、その自らの重さこそが見えない力なのだ。入り口を示す大庇、散在する小さな屋根、開口部、内部から見上げる天井、ものとしてはその所在が確認できないが、そこに陽光が当たるとできる影の形などなど、大小さまざまな形態が随所に展開する。それは天空に向けた未来への思い入れとか願いの表象でもある。

繰り返しによって、大きな形のみならず小さな形までを同じ形態の脈絡で統一してしまうのは、考えてみればモダニズムの建築の基本的な技法の一つである。それを承知であえてそうしたのは、この全体の構成のなかで、建築のことばの意味の変化をできるだけ抑えたかったからである。その結果、周辺に展開する「土木」世界とのバランスを保ちたかったからだ。むしろ建築を風景に溶け込むほどネガティブに抑え込むことによって、地形や植栽など自然の景観をポジティブにしたかったのかもしれない。その大地こそが人間の過去の記憶をとどめる意味の倉庫なのだ。

　完成してから一年を待たずして、友人の写真家の葬儀がここで営まれ、ぼくは会葬者の一人として彼を見送った。ぼくは得体の知れない複雑な感覚にとらわれていた。彼はもともと北海道出身で、初めて会った時は写真は未だやっていなかった。ぼくの仕事場に時折顔をみせ、大きな笑いを響かせていった。写真家になってからも友情が続き、また数多く、ぼくの建築作品をカメラに収めてくれていたのだ。しかし、残念ながら彼はこの斎場の写真を一枚も撮らずに逝ってしまった。彼との語らいは、いつまでもぼくのこころのなかで生き続けるだろう。

クロニクル　年代記
制作の共時性と通時性

二〇一三年一一月一五日　第一刷発行

著者：竹山《たけやま》 実《みのる》

発行：竹山実建築綜合研究所
発売：鹿島出版会
東京都中央区八重洲二丁目五番一四号　〒一〇四―〇〇二八
電話：〇三―六二〇二―五二〇〇
振替：〇〇一六〇―二―一八〇八八三

編集：鈴木紀慶
装丁・本文レイアウト：高橋喜代子
DTP：スズキeワークス／制作協力：鈴木萌乃
印刷・製本：3プリントサービス

ISBN：978-4-306-08537-4 C3052

URL：http://www.kajima-publishing.co.jp
E-mail：info@kajima-publishing.co.jp

チェコの風に吹かれて

リベレッツ訪問記

はじめに

普段の自分の生活を離れて国の外へ旅に出る。自分の周りの風景が全部変わる。しばらくそこに滞在してまた旅先を変える。それが一般的な海外旅行のパターンだろう。

旅先を変えて、あちこちと動くのではなく、予定された場所に住み込みそこで生活を始める。そこに移り住むわけだから、これは必ずしも旅行とは云い切れない。旅行の場合は始める前から計画を立てて、次に出かけるのを事前に知っている。もっともおおくの場合、その必ずしもその通りいかないことが多い。その結果、やたらと疲れるし、金もかかる。

一方、移り住むのは、そこにある種の現実の生活を求め、ある期間そこで生活することになる。現在いろいろな国が三カ月以内の滞在にはヴィザを求めないところが増えているようだが、何故そうなのか知らないけれど、恐らく統計の上で九〇日間が、多くの人にとってある種の現実感が感じられる日数の一つの目安になってるせいなのだろうか。

旅先の現実と直面するとなると、いわば「旅の恥をかき捨て」できないことである。そこで知り合いができ、互いに名前を名乗り合う間柄が生まれる。もともとこの知らない土地（少なくとも最初はそうだった）を地図なしで歩けるようになる。郵便ポストはどこか、最寄りの警察がどこで、銀行がどこかも知るようになる。時々食事する場所やいつも食材などを購入する場所が決まる。

さらに滞在が長くなると、今度は住民登録が必要になって、そうなると納税義務などが生まれてくる。その結果、生活は一層現実味を増してくる。

別の言い方をすれば、旅先ではその土地の風を感じることができるが、まだその

風は身体の中を通り抜けない。つまり現実味が視覚的であまり触覚を刺激しない。それにひきかえ、移り住んだ先では、いつの間にかそこの風が身体を抜けるようになってくる。まわりの風景が目に訴えるだけでなく、自分の身体の一部にさえなってくる。

昨年、ぼくはほぼ三カ月間日本の生活を離れ、チェコに滞在してそこでの生活を過ごした。

プラハの北へほぼ一〇〇キロくらい行ったところにリベレッツという小さな町があってそこの大学で教えてみないかという誘いを受けた。初めはまるまる一学期六カ月だったが、それを三カ月に短縮して頂いて、この期間の大半を一人で過ごした。その間ふと思いついたことをメモに書き留めたりして帰国してからそれをこうした滞在記にまとめてみた。

生活を始めると、いつの間にか、チェコの風がぼくの身体をすがすがしく抜けていった。しかし、ぼくの身体の中には日本の気圧配置がどっしりと残っていて、そこにも風が吹いていた。この外と内の二つの風は、ぼくの身体の中に横たわる前線を境に、時に穏やかに風向きを変え、時には激しく渦を巻き起こしたりしていた。外の風に身を任せ、時折感じる内の風をぼくは楽しんでいたことになる。

この期間、ぼくはデジカメでいろいろと写真をとった。枚数を生活日数で割ってみたら一日一五枚も撮ったことになる。むかし出始めたばかりの一眼レフをもって海外に留学した時とくらべ、この写真機の扱いの便利さは大違いだ。なにより軽くていい。操作も簡単だ。

帰国してから、自分の撮った写真を整理して小さなモニターで見返してみた。本当はその中から良いものを選んで人にも見てもらいたかった。それぞれのイメージには、いろいろな記憶が幾重にも付着して、それが今なお自分の身体感覚を刺激してくれる。その間にときどき綴ったメモをここに集めてイメージを補ってみた。

あのチェコの風は、いまだにぼくの身体の中をすがすがしく抜けているようだ。

目次

坂の町

この町の名はリベレッツ（Liberec）、首都プラハからほぼ一〇〇キロ北へいったところに位置している。元はドイツの一部でドイツ人の都市だった。

ここの町には実に坂道がおおい。他の都市の出身で、ここの大学に通っている学生たちもみんな口をそろえてそれを指摘する。

しかし坂の多いのはこの町に限ったことではない。ぼくの眼には、チェコのどの町を訪ねても、その中央に位置する広場はほとんど傾斜しているようにみえる。水勾配よりも遥かに急で、はっきりと眼でわかる勾配を持った広場なのだ。「広場に勾配があるのは、何故？」と周りに聞いても、答えは一致しない。「地形に坂が多いところを町に選んだから」だとか、そこを「平らにする工事費を惜しんだから」だという話も耳にした。果たしてどうなのか。そこには、もっと作為的なものがあったような気がする。

話はちょっと飛ぶが、建築を学ぶ学生たちの作品に、最近目につくのは、垂直面だけでなく水平面に目に見える勾配をつけたデザインが矢鱈に多いということだ。垂直面が倒れた場合、内倒れ外倒れに関係なく「ティルト」しているという。空間を限定する視覚的な効果が違ってくる。床が平らでなくて、もはや視覚の問題ではない。勾配があると歩くのに苦労するし、とりわけ年をとるとそれがいかにキツイことかがわかる。そういう指摘をしたら、あまり若い学生からの同意は得られなかった。彼らに取って居住空間のバリアーフリー化の対策などは、遠い国の非現実的なことなのかもしれないと思えたくらいだ。

「平らでない床」といえば、昨年ベルリンの「ユダヤ博物館」を見学したら、いやというほど、この勾配床を歩かされた。ここでは暗く閉ざされた通路空間の連続

上・広場に坂が多い　下・広場に面した家並み

が、ユダヤ人の受けた迫害の数々を象徴的に表現しているようだ。そして廊下の勾配はそれをさらに身体に刻印する表現的な手段とも考えられたのだろう。しかし、正直いってこの長い床の勾配は歳をとったぼくの足にはいささかキツかった。

同じベルリンで、その昔工事中に訪ねて感激したシャローンの旧作「フィルハーモニー・ホール」を再び見学にでかけた。この建物と隣のミースの美術館（新ナショナルギャラリー）との間にある広場（のような空間）を歩いて横切った。石張りのここもかなりきつい勾配の連続だった。

思い返してみると、そうした平らでない広場はドイツに限らず、ヨーロッパの都市には意外に多いのに気づかされる。

計画案の段階で勾配を持った床面が意図的に表現されて、世間を驚かしたのは、「横浜ポートターミナル」のデザインだろう。しかもそれは国際デザインコンペの当選案として実現して、すでに機能している。この広場全体に入り交じって展開した勾配床はそれが実現する前から，つまり図面の段階から、若い学生たちにある種の衝撃を与えたようだ。

勾配床を人間が歩くとき、当然のことながら、身体に何らかの抵抗を感じる。その度合いは人によってマチマチだろう。また年齢によって違うかも知れない。しかし、どっちに勾配が上るか、または下るかは、そこを歩く人の身体が即座に知覚するはずだ。つまり、方向性が身体に訴えかける。視覚にではなく、三半規管が反応するからだ。

こう考えてみるとチェコの街の広場の勾配は、人々の身体に訴える何らかの方向感覚と全く無縁ではないのだろう。四角い広場自体に方向性がなくても、そこを利用する人が方向性を発見できる。利用者がその街の方位を、直接自らの身体を通して知覚するようになる。

それは静かな知覚力だが、視覚以上に確実なものなのだろう。

城

ここに住みはじめて、親切な学生たちのグループが、この町やその周辺のあちこちへと案内してくれた。この古い町や周辺の観光のなかで一番印象的だったのが「骨の城」だった。

イチン（JIČÍN）という名のバロック都市の近くに「チェコ・パラダイス」と名付けられた緑の丘陵が広がり、その一角にこの城があった。樹木の生い茂った丘の外部からはあまりその姿を伺うことはできないが、谷間を流れる川に沿って進むと、城の先端を見上げるような位置に突然現れた。その日は、たまたまテレビ局の取材か映画のロケかがあって、撮影隊が大勢周辺にいたせいか、全体が仮設のセットのような妙な雰囲気を周辺に漂わせていた。

歩いて外側をあれこれ見渡した後に内部のツアーに参加した。案内人がチェコ語で丁寧に部屋ごと解説しながら巡るのだが、印刷物になった英語のパンフがあって、それを手にすると、外国人でもそのツアーの解説を十分に楽しむことができた。アメリカなどの美術館では自分好みのことばで聞けるテープが出まわっているが、それよりこちらの方がよっぽど良い。なんといっても温もりが伝わってくる。

現在チェコの国土の合計は約七八〇〇〇万平方キロで、それは日本の北海道より少し小さい大きさだ。ここに一〇〇〇万ちょっとの人が住んでいる。そしてこの国土全域で約三〇〇〇カ所以上の城が原型を留めているという。現在までに廃墟と化してしまったものを加えるとその数はもっと増えるだろう。

これらの城は、もともと一三世紀中頃までにこの土地の領主によって城として建設された。時代が変わるとともに、その本来的な城としての防衛機能は緩み始め、同時に持ち主が変わったりしていった。その度に外も内も改築や増築を繰り返され、

やがて時代とともに地元の住民に開放されるようになり、さらに近代になって国全体が共産主義に支配された時代になると、すべての城は国有財産化して、周辺農民の管理センターにも使われたりしたという。

内部に幾重にも累積された多様な建築様式に、こうした時代の変化や社会のシステムの推移がよく反映されている。

ここの訪問を機会にアチコチの城の見学にいってみた。どこにも共通していることで、ぼくが一番印象に残ったのは岩の上に築かれたその外部の姿だった。国土全体に広がる岩は砂岩（sandstone）ということだが、それは花崗岩に劣らない強さを持ち、加えて降雨量の少なさや地震のないことが幸いしたらしい。砂岩がそのまま建物の基礎として一体化して使われていた。その姿はぼくにとって異様だった。建物の下部に地平線が見えない。少なくとも、ぼくがいままでつくった建物でこんなに起伏を持っていたことなどほとんどなかった。ぼくは頭の中で城の全容が大地に接する面を想像してみたが、それは不可能だった。この建物は周辺大地と一体化しているのだ。ぼくの最大の興味を引きつけたのはそこの部分だった。

城は山頂に多い

上・イチンの中心部　下・イチンの城

城の壁面

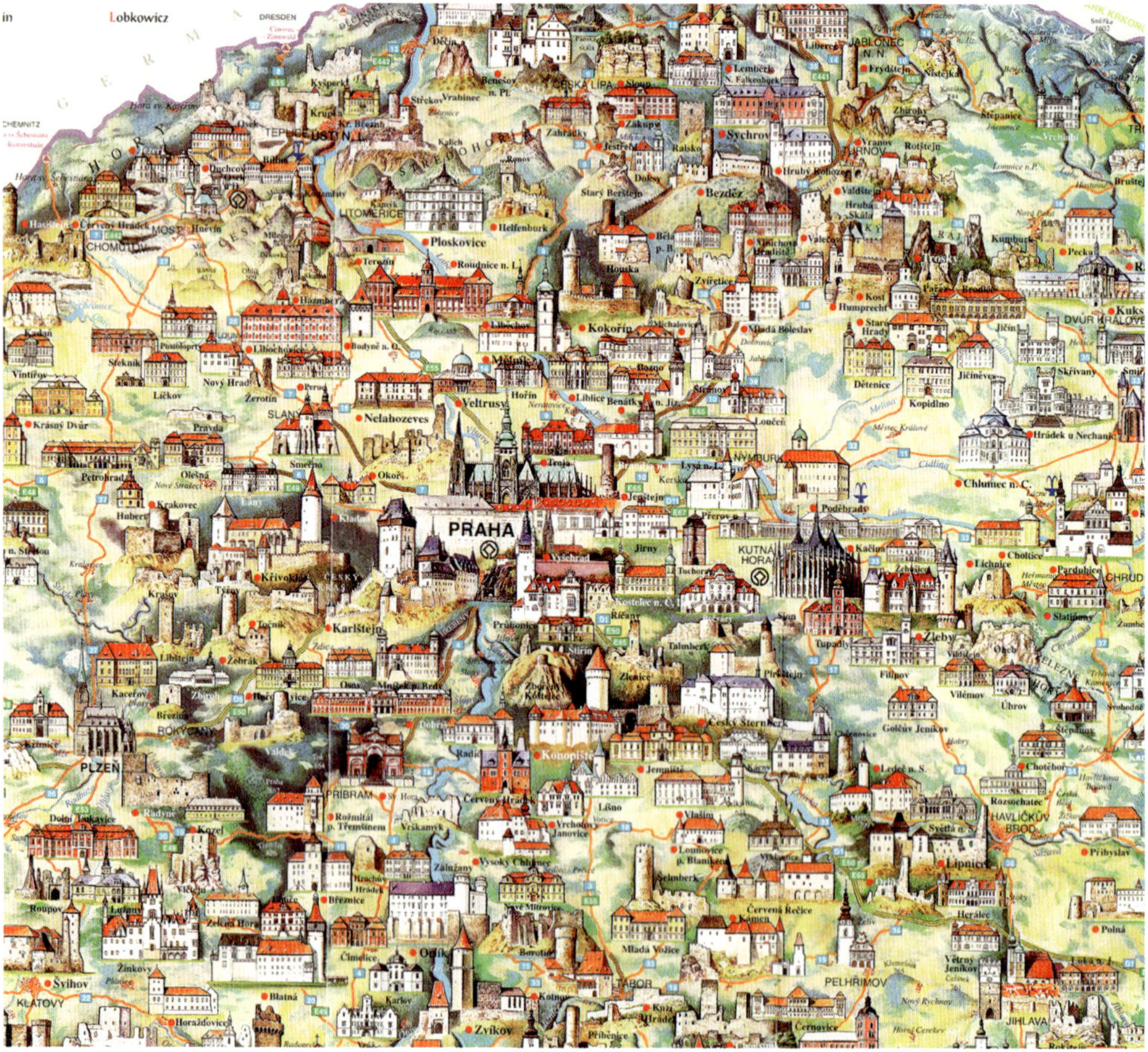
Lobkowicz
DRESDEN
CHEMNITZ
PRAHA
KUTNÁ HORA
PLZEŇ
JABLONEC N.N.
LITOMĚŘICE
MOST
CHOMUTOV
ČESKÁ LÍPA
TURNOV
NYMBURK
SLANÝ
DVŮR KRÁLOVÉ
PŘÍBRAM
HAVLÍČKŮV BROD
PELHŘIMOV
TÁBOR
JIHLAVA
KLATOVY
Ploskovice
Roudnice n. L.
Nelahozeves
Veltrusy
Kokořín
Bezděz
Sychrov
Kost
Křivoklát
Karlštejn
Konopiště
Poděbrady
Kačina
Žleby
Pardubice
Lipnice
Orlík
Zvíkov
Švihov
城の位置を示す地図

この城の敷地の選定は誰が決めたのか。そのときこうした岩場と建物を一体化することに何らの不安もなかったのだろうか。建設そのものの手間やこうした岩場にさらに重い岩などの建設資材を運ぶ手間はどうしたのだろうか。眺めれば眺めるほどそうした疑問が湧いてきた。

最初見にいった「骨の城」は、谷間に位置しているから、周りの風景を伺うことができなかったが、ほかの多くの城はその造られた位置が主として丘陵の頂上部にある。だからそこから外部への眺望にも優れていたし、また遠くからその勇姿をはっきり伺うことができた。

そのせいか、チェコの地方をドライブしていると、そうした城をよく見かけた。大げさにいえば、丘や山があると必ずその上には城が建っているといっても言い過ぎでないほどの数だった。

正にこの国は「城だらけの国」なのである。現在それらが溢れるばかりの緑の中に散らばっている。平和を象徴するような濃い緑の海の中に、もともと防御を目的として築かれた堅固な城を見て歩くのは、なにか歴史の皮肉な断面をみるようで実に面白かった。

景色

緩やかな起伏がどこまでも続くこの国の田舎を車で旅しながら、景色ということについて、あれこれ考えさせられた。

じつに変化に溢れている。平坦な田畑の連なる広い風景があるかと思うと、今度は落葉針葉樹の木立がつくりだす幾分閉ざされた風景が現れ、そして、やがて街の遠景が見え始めてくる。遠くから見ると、それは街全体としてまとまりを持たないのだが、近寄ると必ずどこかの教会か何かの尖塔がひときわ目をひきつける。しかも日が落ちると、それは例外なく照明に浮かび上がってみえるから一層際立って見えるのだ。

鮮やかなランドマークというのは、何処から見ても同じかたちでなければならないとすれば、これらの尖塔はどこから見ても際立っているから、それにもっとも適しているようだ。

近づいて見ると教会や建物の建築様式はさまざまである。多くはゴシックからバロックに大別されるようだが、何れの様式でも建物の一部が必ず高い尖塔をつくっている。二本の塔が対称に建つ場合もあるし、尖塔というより、際立った屋根型が目につく場合もある。いずれの場合も色彩は落ち着いていて、目立つことは少ない。

こうした典型的な風景を見ながら、ゆっくりとその街の中に入る。来た道は間違いなくこの街の中心部に通じている。そして、いままで見続けてきた尖塔がその中心部に位置している場合が多い。中心部には必ず広場があって、そこには遠くからは見えない。つまり広場は近景だけが織り込まれた世界である。

高いものと低いもの、遠くから見えるものと近くでしか見えないもの。こうした風景の二分律がここの地方の街を縫い合わせ、それがこの国全体の景観をつくりあ

げているのだろう。基本的にはそれがヨーロッパ全体の多くの町の景観を形成したともいえる。

日本の街では、特に現代都市ではこうした二分律は存在しないようだ。ランドマークがあってもそれは見る角度で多様な印象を与えることが多い。

角度によって形が違うということで思い出すものがある。むかし隅田川沿いに火力発電所があって、そこ立っていた高い四本の煙突は「お化け煙突」と呼ばれていた。配置を平面に落とすと、菱形四辺形のちょうど頂点に置かれた煙突は、遠景で違った印象を与えた。遠いところからは一本にしか見えないのだが、別の角度から

リベレッツ市庁舎

は三本に見えたり、また別のところからは二本に見えた。四辺形の頂点を結んだ線上に視点を置くとそう見えるのだ。しかし、それらの頂点を外した角度からは、四本の煙突はあくまで四本だった。「お化け煙突」の名前の由来はこうして生まれたのだろう。確か東京の下町を好んで描いた五所平之助とか小津安二郎の映画にもでてくるこの煙突はいつの間にか跡形もなく、なくなってしまった。それに代わってこの川沿いには、現在超高層のマンションが出現するようになった。

似たような経験は今の東京の街中でもできる。例えばNHKのテレビ、（とりわけ天気予報などの合間など）に出てくる新宿に向けた遠景がその一つである。よく見るとそれは整然と分けられた街区に建っている超高層群である。街区の幅が均等で、あのマンハッタンの街路の中心線上から見上げる街の風景を思い起こさせる。確かに図面で見ると、もともと浄水場跡を整備して整然と区画に分けたのだからそうした印象を与えるのは当然なのかもしれない。しかもそこに建つ建物には、全体像を守るために一律な建築協定を約束させ高さを揃えさせた。しかし、この遠景は近景とは全く無縁である。これら超高層の足下からはそうした整然さを何も感じることはできないのだ。

日本の都市の景観は、遠景と近景の間には何ら明快な関係が成り立たないようだ。それぞれが互いに独立していて、強いていえば、二つはトポロジカルに結びついて、いわば無関係の関係が成り立っているともいえる。

そうした基本律の違いをあれこれ考えながら、チェコの田舎道に沿って点在する町の風景を楽しんだ。ぼくは友人の運転する車の助手席に身を沈めていた。

老人と町

この国チェコでは、あちこちで年寄りの元気な姿を目にする。彼らは町の中を歩き回っているだけではない。田舎の道でも元気な老人をよく見かける。町の広場とか、ショッピングやレストラン、さらに町を離れた郊外の山麓に築かれた城だとか、そうした人の多いところを訪ねるときは、必ず元気な年寄りに出会う。そしてみんなカクシャクとしているように見受けられる。

ぼくが住んだリベレッツというところは坂の多い町だ。「行きはよいよい帰りがこわい」というところが随所にある。そんな坂の町の登り坂の道を年寄りが元気に歩いている姿を見ると，正直言って、何か救われたような気になってくる。しかも町で見かける年寄りの多くは、荷物を持って歩いている場合が多い。

町の道路は舗石を敷き詰めたものが多い。冬の間中こうした歩道は厚く雪で覆われ一冬越すとそれが緩みだす。敷石は砂で敷いたものが多いからだ。春にはあちこちで舗石の改修工事が見受けられる。こうした緩んだ敷石の上を歩くのは意外に難しい。凸凹が多く，云ってみればバリアだらけになるのだ。だから眼を下に落として歩行面をよく見続けないと、足を取られる。ぼく自身も慣れるまで随分苦労した。

もちろん冬の間、雪で覆われた道路はもっと大変だ。みな滑り止めのついた冬用の防寒靴に切り替える。凍った道はもちろんだが、雪解けの水にも足が持っていかれる。下が滑るだけではない。建物の屋根からいつ落下するかもしれない雪や氷柱を気にしながらときどき上を向いて歩かねばならない。ぼくも昔は札幌で育った経験から、その苦労は身にしみてよくわかる。

外の道はそのまま建物内部に入り込む。ここでは多くの建物が三階か四階建てで、屋根裏をいれると五階のものもあって、ほとんどの建物にはエレベーターなど付い

道路の補修工事

ていない。その昔、これらの建物は一般に邸宅（Villa）と呼ばれ、この辺りに定住していたドイツ人の金持ちが自家用に建てたもので家の周りの庭も結構広い。現在はそれを何軒かの家族がアパートとして使っているケースがほとんどだ。

坂道に面しているものが多いから、こうした建物は一階の入口に入る前からすでに階段が始まり、内部の階段を登らないと自分の住まいには行けないものばかりなのだ。年寄り、特に荷物を持った人たちにとって、これは大変なことだと察せられる。バリアーフリーなんてものではないのだ。

こうした悪条件をものともせず、それに堪えて年寄りが町を歩き続ける。時には元気に歩く老人の姿は、子供たちの明るい姿にも増して、町を明るくしている。

一年の季節が春の緑をとり戻す頃、公園のベンチなどで寛いでいる明るい顔の年寄りを見かける。子供や若者はあまり外出着にこだわらないのだが，年寄りは意外に服装をキチンと整えている場合が多いようだ。一人でじっとしている年寄りもいるが、会話を笑顔で交わす仲の良さそうな二人連れも多い。まるで人間に話すように連れた犬に大声で語ったり、足下に餌を求めて近づく鳩にしきりと話しかける人を目にすることもある。周りの緑に眼を向け、小鳥のさえずりに耳を傾けながら、自然を楽しむ姿を見ると、そうした愉悦にこちらまで同調してしまう。こうして孤独を楽しんでいる年寄りの姿は、まさに町の動きの休止符だ。

老齢化が進むと、都市はますますこうした孤独な年寄りがパーフォーマンスを演じる舞台になっていくのだろう。それはヤンチャな若者が集団化して無遠慮に演ずるアクションものよりも，静かだが遥かに都市に生きた姿をつくりだす。それは失われた子供の笑顔を都市に取り戻すことに違いない。

美女

町で美しい女性に目を奪われるなんてことは最近めっきりなくなってしまった。美しい女性が少なくなったのか。いや、「俺はもう歳か！」なんて、東京の普段の生活でぼくはそう思いかけていた。

チェコに来てからは、そのぼくの諦めがちょっと違ってきた。この小さな国にきてから、若くて美しい女性を見かける機会が多くなったのだ。ときには「久米の仙人」よろしくすれ違った女性を大胆に振り返ったり、向こうから歩いてくる綺麗な女性に自分の歩みを止めて、見とれてしまう。正直云ってこんなことは今までなかったから、自分でも驚く始末だ。

一口にいって、彼女達は背がスラッと高くて、胸をはって歩く姿勢が実に綺麗だ。顔立ちが整っていて、首がスッキリと長く鼻筋の通った横顔が殊の外美しい。ぼくの好みにぴったりなのだ。若い女性が皆そうなのではなく、正しくはそういう女性が多いと云うべきなのだろう。

ぼくが観察した限りでは、彼女たちは服装にこだわらない。化粧もあまりしてないように見える。しかも美しい女性ほどグループを組まず、何故か一人で歩いているケースが多いようだから、なおさら目につくのかも知れない。

一般に南や西ヨーロッパやアメリカでは人種的な混じり合いが多様で、そうした均一化した女性にはなかなかお目にかかれないのだが、ここ東のヨーロッパでは恐らく人種の混じり合いが少ないせいか、大げさにいえば、アチコチでこうした美女に出会えるようにぼくには感じられる。

もちろん、日本には日本の良さがある。日本女性の服装や化粧も最近めっきり良くなった。外形で見る限り世界のどこへいっても恥ずかしくないだろう。しかし言

葉遣いを含めたスタイル全体にオリジナリティをなくしてしまったようだ。

日本の女性にはそれなりの美しさが備わっていたはずなのに、なぜもともと授かったそうした先天的なものに自信を持ち続けることを止めたのだろう。

一口に、日本の女性の美しさは、すべてを露にしないことだった。「かわたれ」とか「たそがれ」あるいは「ゆかしさ」とかいう古い言葉はもともと日本人の美しい姿を生み出す状況を言い表していた。相手がはっきり見えないほんのりとした薄暗闇の中で、相手を同情的に認知する美学が存在していた。すべてを見せない、一部だけを見せて、相手の想像力を刺激するのだ。いわば太陽の輝きに対して月の光に喩えられるものがあったのだ。

そうした美しさはもちろん日本だけのものではない。例えば、中近東の多くの国では女性は未だにあの黒いツーピースをまとっている。昔、テヘランに知り合いの若い女性がいて、その彼女に初めてあったときはパリ仕立ての派手なツーピースで赤い口紅を塗っていた。革命後同じ彼女にあったときは伝統的な黒い服装にもどっていた。正直いって、ぼくにとって黒い服の彼女は忘れがたく印象的だった。パリ仕立てのツーピースより彼女に似合っていて良かった。顔しか見えないのにそこからすべてを想像することが出来た。その結果、彼女にもっと近づいた感じがしたのだ。

日本の女性は和服のようなワンピースを着るべきだとは今さら思わない。和服から現在の服飾に慌ただしく切り替わってから、まだ一五〇年にも満たないのだ。しかし、そろそろオリジナリテイを回復するときが来ている。グローバル化が進めば進むほど、服装や化粧の文化が世界で均一化が進むだろう。それがことごとく近代の西欧的な原形に回帰するのではなく、今こそ日本女性の姿に適応した独自性が求められ、アイデンティティを呼び戻さねばと思えてくる。和服とは限らない何かだ。日本女性の美しさをコンテキストとしてとらえることだ。

チェコの町で目にする美女に目を奪われながら、実のところ、ぼくは日本の町で見かける女性の姿に遠く思いを馳せていた。

「じゃー、男性はどうなんだ」となると話が長くなりそうだ。そこで思い出した話を一つ。

昔、何度目かのサミットがヨーロッパのどこかで開かれ、日本から中曽根元総理が出席した時の話だ。彼がシャレた洋服を着こなし夜の晩餐会に出席した時、ヨーロッパのどこかの代表が「それが日本の正式の服装なのですか」とまじめに尋ねたそうだ。彼は満面笑みをたたえてこう答えた。

「この服は英国でつくらせたものです。このネクタイも胸のハンカチもフランスからの直輸入の品です。日本では私が率先して貿易摩擦解消策に努力しているのですぞ！」

服装文化に金が強く支配している限りは、人間の姿を取り戻す本当の改革ははるか先のことになるのだろうか。

「さくら」「さくら」

東京からサクラの知らせが聞かれるようになった頃、チェコに滞在中のぼくはまだ寒さの真っただ中で生活していた。しかし、そろそろ町の空気の中に春の気配が感じられたし、ここの町を離れて、ちょっとでも南にでかけると、草木が芽生えを待ちわびている様子が大気中に充満していた。

ぼくの住んでいたUNIHOTELという名のホテルは、大学の八階建ての校舎の一角にあった。この建物の地下と一階には図書館や食堂があり、五階から上の階が研究室などに使われていた。二階と三階だけが学校に関係した者たちが宿泊に利用していた。

ぼくの部屋は三階部分だったから、時には四階の教室で家具を動かす音が良く聞こえた。その音から察するに、なぜかここはよく家具を移動する部屋のようだった。あとで知らされたのは、ここは学生たちがかなり自由に使って良い教室だった。利用する学生たちのことを想像して、ぼくはもっぱらその音を我慢するようにしていた。

毎週火曜日の夕刻になると、ここから混声合唱の美しい歌声が聞こえはじめた。それは実に静かな歌声だった。賛美歌を好んで歌う学生たちの合唱ということも聞かされた。曲目の中には今まで聞いたことのあるものもあったが、全くはじめてのものが多かった。その時間は毎週ほぼ二時間続いてピタッと終わった。そしていつの間にかぼくはこの火曜日の合唱が待ち遠しくなっていった。合唱中はよく聞こえるように、冬の寒さをこらえて窓を半開きにしたものだ。

ある週の火曜日は、何んと日本の歌が聞こえてきた。あの「さくら」の歌だ。しかもみんな日本語で歌っている。ぼくはこの静かな歌声にすっかり聞き入ってしま

った。日本の歌はこれだけだったが、それでも三週に渡って聞くことができた。これは、すぐ下に日本からの客人が寄留していることを知った上でのことだったのだろうか。ぼくはあれこれ憶測してみたが、あえて真相を知ろうとしなかった。

ラジオで育ったという世代に属するせいか、ぼくはラジオ放送を好む。しかもラジオをつけっぱなしでぼくは自分の目と手を使っていろいろなことができる。恐らく昔ラジオをつけたまま建築の図面かきをしていた頃に身につけた特技だろう。音や声だけを聞いているといろいろと想像できて楽しいものだ。だから、歌を売り物にしている歌手が客の前で巧みな話術を披露するのをぼくは好きではない。小説家も同様、画家や建築家もそうだ。能力のマルチ化はそんな不思議なタレントを輩出させ、それを歓迎しているようだが、ぼくには皆どことなく軽はずみに思えてしまう。

音楽についていえば、ぼくは日本の音楽は何か生活から遊離してしまっているようで、この文化圏の独自性を失い過ぎてしまったように感じられる。

音楽の世界では、とくにぼくらの世代が最悪なのかもしれない。戦時中の音楽は楽器との接触をもたず、もっぱら唱歌でそれも軍歌以外は全く禁じられた。戦後は街角の街頭音楽、あのラウドスピーカーで音楽をながし続けていた。ぼくの育った家の角にそれが取り付いて、ぼくを音痴にしてしまった。音楽の解放は当時進駐軍放送と呼ばれていたFEM放送だった。S版とかL版との接触だった。

先日病院に入院した折に、終日NHKの放送をきいていて、そこに流れる音楽がほとんど海外ものなのを知り、あらためて驚かされた。しかも英語の歌が実に多い。

だが一体日本の音楽はどこにいったのだろうか。

日頃日本の音楽の世界にそんな先入感を抱いているぼくが、ここで耳にしたあの「さくら」は一体なんだったのだろうか。

少なくとも音楽の世界では、まだ和と洋の間にギャップがあって、未だ融合を果たしていないように感じているのはぼくだけなのだろうか。

荷物

この町に来て驚かされるのは、実に歩く人の数が多いことだ。しかも多くの歩行者は肩に大きな荷物を背負っている。年寄りも、若者を、子供も、そして女もみな似たような姿で歩いている。

学校のスタジオで毎日顔をあわせる若者に聞いてみた。

プラハからこの学校で学ぶオンジュレイ（Ondjey）は、毎週末には必ずといっていいくらいプラハの実家に帰る。ノンストップの高速バスに乗って約一時間、一〇〇キロ離れたこの大都市まで三〇〇円しかかからないという。週末のバスに乗る度に、彼は大きな荷物を肩に背負うことになるのは想像に難くない。一週間たまった洗濯物や身の回り品もあるだろう。さらに学校の教材もあるし、それにノート型のコンピュータも含めるとかなりの量と重さだろう。彼はプラハ行きのバスに乗るときも、プラハからリベレッツに戻るときも、バス停から自分の家や学校との間約三キロを必ず歩くという。その間に電車もあるが、未だかってそれに乗ったことがないと、平気な顔で話していた。

別の学生イジ（Jiri）はこの街の出身である。実家は街の中にある小高い丘の上にある。彼はこの町の何処にいくのにも、必ず歩くのだそうだ。学校までは約二・五キロあるが、そこに行くには重い荷物をもって歩くし、学校からの帰りも、たとえ真夜中の坂道を登るにしても歩くそうだ。この街では、自転車はあまりポピュラーではない。坂道がおおくて下りはむしろ危険だからだ。加えて、冬は凍りついて坂道は大変だろう。

若い女子学生たちもほぼ同じ姿で歩く。彼女たちは長距離でも平気だ。しかも最近の学生たちは、たとえ本を何冊も抱えることがなくても、データが一杯詰まった

ノート型のコンピュータを必ず持ち歩くから、荷物はかなり重くなるはずだ。

こうした若者たちだけでない。街で荷物を持って歩く人の姿は、手ぶらで歩いている人の数をはるかに上回っているように見える。

荷物を入れるカバンも、手提げカバンとか、肩から掛けるタイプとか、いろいろある。そのうち、ぼくが一番合理的だと認めて、ここで生活する間、自分自身も持つようになったのはリックサック型のものだった。ベルトが両肩に当たり身体の左右のバランスを安定させてくれる。ポケットが幾つもついていて、これで携行品を整理できるし、一番大きなものをいれるところには雨除けの庇さえついている。荷物が軽い時は、両肩用のベルトを一つに合わせて片側の肩から背負うことも出来る。しかし、重いものになるとやはり両肩に荷重を分散させて背負う方がよっぽど身体を安定できる。

東京の生活で、ぼくはこんなに荷物を背負って歩くことはほとんどない。それどころか、こんなに街を歩くことさえなかった。だから、はじめのうちは、荷物を背負うことも長い距離を歩くことも煩わしかった。しかし、一旦それに身体が慣れて足が馴染んでくると、毎日の楽しみの一つになっていった。

ただこのカバンで嫌な思いをしたことがある。

ある時、バスでプラハに出かけ、地下鉄を乗り継いでダウンタウンをアチコチ歩いた時だ。そこの溢れるばかりの人込みの中で、ぼくの背中に背負ったカバンのジッパーをこっそり開けて中に手をいれ、その中を物色したものがいたらしい。全く知らない人が後ろからそれを確認して、ぼくに注意を呼びかけてくれた。この人は以前に同じ手口にあった被害者だったのだ。幸いぼくの場合は手を入れられてもポケットにはティッシュだけで、貴重品などなにもなかったから受けた被害はゼロだった。

それ以来肩に背負ったバッグを、ぼくは人ごみでは注意するようになった。

鍵

ぼくを招待してくれた大学が、長期滞在を予定したぼくのために用意してくれたホテルにチェックインした際、フロントで先ず幾つも束ねられた鍵の束を手渡された。

自分の部屋の鍵のほかに表玄関の鍵、それにエレベーター専用の鍵、加えて青いプラスチックでできたチップ。これは直径二〇ミリほどの薄い丸い板で、遅くなったときの表玄関や駐車場に通じる裏の扉、さらに駐車場の出入り口にある横棒の開閉はこれがないと開かないから、部屋の開閉と同じ回数だけ使用することになる。

一方、学校でも自分の研究室が用意されてあって、最初に渡されたのがやはり何本かの鍵だった。ほかにチップもあったが、煩わしいと感じたので、あえてそれをぼくは受け取らなかった。

長期間に渡って借りることになった車の鍵をこれに加えると、全部で七本とチップになって、ぼくのズボンのポケットは瞬く間に一杯になってしまって、その底が破れて最後には穴があくほどになった。いままで東京の生活で使う鍵はせいぜい三本くらいだったから、自分にとってこれはかなりの数と重量なのだ。

他の連中はどうしているのだろうと、注意して見るとみんな沢山の鍵を持っているのに驚かされた。平均六～八本を下らないだろう。しかもそれをあちこちでうまく使い分けているように見える。というのは、鍵を使用する扉の前などであまり長い時間静止しないからだ。鍵をよく見ると、いずれもごく簡単な昔のタイプで、持つところも一様な形をしている。彼らはそこにいろいろな色のプラスチックのカバーをつけて、うまく使い分けているようだ。確かこのカバーは日本でも昔はよく鍵のコピー屋などでよく目にしたものだったが、ぼくはあまり注目したことなどなか

った。

普段の生活で鍵を使う度に、ぼくはこの鍵の多さを不思議に思った。なぜこんなにたくさんの鍵が必要なんだと、鍵を使いわけるたびにぼくは問い続けた。

鍵の取り付く錠はもともと守備のための道具なのだ。多くの扉に使われている錠はどう見ても、日本で最近見かけるものと違って、それほど高度で厳重なものではなく、ごく普通のものにみえる。よく映画で見かけるのだが、先の尖った金物があればこれらは簡単に開いてしまいそうだ。玄関の扉以外の警備なども実にズサンに見えた。空き巣の立場でみると、普通の家はスキだらけにみえるのだが、それほど空き巣の被害など耳にしたことなどなかった。

とすると、鍵はなんのためなのだろう。

何か自分の縄張りを守るためのシンボリックな約束事なのかもしれない。だからむしろ他人を警戒するのではなく、自分の生活圏のいわばケジメのために存在しているのかもしれない。

話が飛躍するが、この小さな国に一三世紀頃一斉に建立されたあの「城」に似ている。これらの城は本来的な防衛機能を満たしながら、あまりその本来の目的に使われず、時代とともにやがて平和的な利用に転じていった。城は生活圏の縄張りを守るためのケジメだったのだ。


チェコの生活を切り上げて東京にもどると、鍵の数は一気に減ってしまった。歴史的にみて鍵文化圏のなかで、日本は後発組と聞かされていた。しかし、現代ではさまざまな技術を駆使して戸締り先進国になった。

ぼくの住む界隈でも相変わらず空き巣が絶えないようだ。道路に立っている告知板には最近の被害場所を細かく報じて周辺の注意を促していた。すっかり暗い気持ちになってしまった。

テレビ

三カ月間滞在したチェコでは、ぼくのために長期利用者むけのホテルの部屋が用意されていた。広めの浴室・便所の他に四メートル×六メートル位の部屋が二間続きだった。片方の部屋には大きめのベッド、もう一つには居間用の家具一式が置かれていた。残念ながら台所はなく、料理のときは廊下の先にある共同のものを使わざるを得なかった。

居間の方に二〇インチくらいのテレビが一台窓際の机の上に置かれていて、ぼくはそのスイッチを毎日のように入れた。しかし、その画面に見入るというよりも、もっぱらそこからでてくるいろいろな音を室内に流し続けるためだった。

テレビのチャンネルはここの国には四つしかなかったし、そのほとんどがチェコ語でぼくは理解できなかった。もちろん天気予報は言葉がわからなくても各地の状況や気温を知ることができたし、ときどき音楽番組も流れたが、それほど関心をもてなかった。その結果、ぼくはテレビを見ないで「聞く」生活が日課になって、そこから流れるいろいろな音が、何か町全体の音を象徴しているように感じられていたのだ。

小さなテレビにはリモコンが用意されてあった。だからいちいち本体のボタン操作なしでon/offやチャンネルを切り替えることができて便利だった。

テレビのこうしたリモコン器具と云えば、三〇年前こうした便利な器具はまだ出回っていなかった頃のことを思い浮かべた。

ちょうどその時、ぼくの父は重い病いの床についていた。ある病院で手術を受け一旦帰宅を許されていた時だった。父の部屋の、ちょうどベッドからよく見られる位置に高い台を用意し、そこにテレビセットを置いていた。しかし、当時はま

だリモコンなどなかったから、そのスイッチを入れたりチャンネルを切り替えたりするのには、いちいちテレビ本体のスイッチに手を持っていかねばならなかった。病床の父にはそれができなかった。

リモコンの無い時代に、ぼくは遠隔操作の道具を考案しようと試みた。二メートル近い軽くて丈夫な木の丸棒をさがし、その先端に鉄線を加工し奇妙なかたちの輪をつくった。スイッチの入れ替えは押すか引くだけだったから簡単だったが、チャンネルの切り替えは、やや重いスイッチをカチカチ左右に回転させねばならなかったので大変だった。何度も何度も失敗を重ねた末に、やっと手製のリモートコントローラが出来上がり、寝たままでテレビを操作出来るようになった。病床の父は大変喜んでくれた。そうした時代と比べると現在一般に出回っているテレビの機能は正に雲泥の差だ。あらゆる機能が用意されている。しかし問題は電波で送られる番組の内容である。とりわけ、NHKを含めメジャー局がつくり出す番組内容は絶えられないものが多すぎる。なぜこうした低俗な番組がつくられ、受け入れられるのだろうか。これらの番組の波及力、とりわけ若者に与える影響力は絶大である。

チェコの部屋で、ぼくはパソコンを愛用していた。ここは学校の施設だったこともあって、無線のLanが仕掛けられていたのでどこでもインターネットを見ることができた。だからテレビから流れる音楽を聴きながら、パソコンのモニターを見てネットのやり取りができた。

ネットの交信は世界に計り知れなく、張り巡らされたネット網を通じ、それはあくまで個人の特定の関心に対応している。テレビは元々マス・コミュニケーションの道具で、テレビ局から不特定多数への配信だ。それにひきかえぼくの所有しているパソコンは個人と個人を結ぶ、いわば、マイクロ・コミュニケーションのためのツールである。そして、いつの間にか後者が前者を凌ぐ時代になってしまった。

日本のテレビ文化を救済する今後の活路はここにあるのかも知れない。いや、すでにそれは始まっている。

インターネット

今回の滞在中、仮にぼくがインターネットを全然使えなかったらと想像しただけでもゾッとする。何年か前に入手したA4サイズのノート型パソコンを持ってきていてそれが実にいろいろと役に立ったのだ。ホテルや学校では、メールはもちろん、日本からのテレビ・ニュースにも繋がった。もちろん現地での通信にも役立った。その日の天気予報、地図、さまざまなホームページ、さらには日本や現地の教師仲間との通信など、実にさまざまに機能した。通信の手段としてこれに勝るものは今まで経験したことがないくらいだった。電話よりもぼくにははるかに使い易い気がしている。

通信手段といえば、ぼくがアメリカ滞在をはじめた一九五九年から六〇年代初めにかけては、すでに国際電話が使えた。しかし、ぼくがアメリカに滞在した三年の間には一度も国際電話を使ったことがなかった。ぼくにとってその費用が莫大だったからだ。何日か分の生活費がぶっ飛んでしまうほど高かった。だからぼくが頼ったのはもっぱら手紙だった。AEROGRAMとかAIRMAILという名で世界中で切手と一緒に売り出されていた一枚の青い便箋の表裏に、小さな文字でビッシリ手紙を書き綴ったものだ。世界中で同じ形式だったが紙厚とか紙質がすこし違っていた。日本からのは同じ形式でも、紙質が悪かった。それが日本から届くのも楽しみだった。確かその頃五〇円だったと思う。いずれも着くまでに一週間ほどの時間がかかった。

この航空便の時代が随分続いた。その後、引き続きデンマークに住んだ六〇年代当初も通信手段はもっぱら、この航空便だったと思う。一週間かかった。だから明らかに飛行機で来る人の方が手紙より先に現れることがあったくらいだ。

七〇年後半になるとテレックスを使える時代になった。ぼくも参加したイラクの国立モスクのコンペなどへの招待状は、初めはテレックスで舞い込んだ。しかし、ぼくの事務所にはテレックスがなかったので、返事を送るのが大変だった。友人の事務所に助けてもらった。テレックスがないと海外と仕事ができないのかと悩んでいたが、日本ではアッという間にファックスが一般化していった。

ぼくの印象で世界に先駆けて、日本でファックスが一般に使われだしたような気がする。ファックスが日本で普及しはじめた頃、アメリカでは依然としてテレックスがファックスをしのいでいたようだ。テレックスでは送れないイメージを送れたことは画期的だった。

確か、八七年にハーバード大で春学期を教えていたとき、日本のぼくの事務所からファックスが届いても、この学校の事務室にはまだファックスがなかったので、受信できず本部までのかなりの距離をわざわざ歩いて取りに出かけた記憶がある。

その二、三年後、今度はイリノイ大学に長期滞在したときも、そこではまだファックスが自由に使えなかった。受信が出来ても、発信する際には数が限られていたから、頭を下げて拝み倒したりしたものだ。すでに東京では簡単なファックス機が、しかも電話機を併用した機械が広く使われていた。その頃からすでにアメリカではパソコンが一般化し電子メールが使用されていたようだ。e-mailという言葉が使われだし、他人から渡される名刺に書かれたアドレスを物珍しく眺めたりしたものだ。

こうした四〇年間以上に及ぶ、ぼく個人の関わりをみても、あの航空便があっという間にメールに切り替わり、いつの間にか、現代はメール全盛の時代になってしまった。メール環境は今後もさらに進歩を遂げるだろう。ほかのいろいろなメディアと併合してこうした通信手段が今後どうなるか予想もつかない。

こうした便利な通信方法に不思議なものを感じる。夢中になって使用している最中にはそれほど気がつかないのに、時々妙な感覚、強いていえば、ある種の恐怖感みたいなものに襲われる。何よりも距離感が抹殺されてしまうことだ。点と点を同

時的に結んでいるから、その間の距離などは問題でなくなってしまう。ヴァーチャルな世界で距離感が無くなると、それぞれの状況が多重化してその結果、現実感が狂ってしまう。相手が既にこの世にいなくても、ひょっとして「あの世」からでも、通信の相手として存在することにもなるのではないか。その結果、自分の通信の相手の形式が解除され、眼では認識できない対象となってしまう。個人の存在を抹殺しかねない。何よりも怖いのはそこだ。こんな恐怖感みたいなものに襲われるのはぼくだけなのだろうか。

味覚力

残念ながら、ぼくはここで生活をはじめて未だに「美味しい」ものにほとんどお目にかかれない。特に地元の連中から奨められる食事は、正直いってほとんどぼくの口に合わないのだ。だから、チェコの食べ物は「不味い」と人前でも平気で云い続けている。

もっとも、ハムだとかソーセージなど、それ自体日本よりはるかに美味しい。ジャガイモの味もいい。豚肉もメニューをよく選ぶと美味しいのにたまにお目にかかることがある。つまり、食材はいずれも優れたものが多いようだ。しかしそれらが一旦料理されて皿に盛られると、こちらの口に合わなくなってしまう。ましてや、それをくり返し毎日食べる気には到底ならないのだ。要するに料理の仕方が、ぼくの口に合わないということなのだろう。それをぼくは「不味い」と言い続けてきた。

ほとんど毎食が外食だったので、いろいろなレストランを訪ね、さまざまなメニューを試してみた。しかしこの「不味さ」はどこも同じだった。

ある時、思い余って、地元の中華料理店を探し出し、そこで今まで食べたことのある料理を注文したことがある。しかし残念ながらそれも全く期待はずれだった。「不味さ」は同じだった。

この「不味さ」は一体なんなのだろう。

地元の人から、これが美味しいと奨められて食べる料理が自分には「不味い」と感じるのはなぜなのか。自分の味覚に最近なにか変調がもたらされたのか。確かに歳を重ねたからそれが昔と違うことは事実だが、これほどまでとは思わなかった。

この「不味さ」を突き詰めてみると、いくつかの点に要約できる。

まず、どの料理も塩分が強すぎる。しかも何れも油っぽい。野菜を除くと、生の

素材を口に出来るものなどほとんどない。つまりは、料理され尽くされていて素材の味が消え、しかも味がみな強すぎるのだ。しかし、それがここに住み続けた人たちが親しんできた味の基調なのだろう。それは、海もない、冬の寒さが厳しい、そうした土地の特徴が育んできたものなのだ。それは日本の日常の味にくらべて大違いのような気がする。どんなに西欧化したとはいえ日本の味は美味すぎると思えるほど独特のものがあるのだろう。

彼らは、食事とともにやたらと飲み物を口にする。レストランでもメニューを渡され自分の料理を選ぶ前に、まず飲みものだけはいち早く注文する。ビールもワインも種類が実に豊富だ。昼食でもビールは飲料水代わりで飲まれる。そうした飲み物はここの料理の味の濃さとは無縁ではなさそうだ。ひょっとすると、こうした強い味を和らげているのだろうか。

ここの味に慣れるまでには、恐らく少なくても丸一年ここに生活して、ここの土地と自然に慣れ、食の習慣のなかに我が身を置いてみなければならないだろう。

確か四〇年前にぼくはデンマークに三年間生活した結果、やっとそこの味覚に慣れることが出来たように感じる。今から考えるとよくもそれが出来たと思う。とすれば、味覚の力とは体力の一部なのかもしれない。年とともに失っていく体力とともに、自分の味覚力の適応性がなくなったのだろうか。

食べ物の味とそれを味わう味覚力とは、不思議な関係を持っている。

味は客観的な物差しで測定出来るのだろうが、味覚力はいろいろなものが複合して、最終的にはその個人の身体に反応の力が宿っているのだ。

問題はこちら側にあるのだろう。もしそうなら、チェコの料理は「不味い」と無遠慮に言い続けるのはもう金輪際止めにしよう。それより自分の体力、つまり味覚力の衰えを悲しむべきなのだ。

トイレ

「手にも記憶する力があるんだ！」と友人の医者がよく云っていた。そのせいか、知らない土地で今までと違った生活を始めると、自分がいかに手を使っていて、土地が変わると、その手の使い方が急に変わって戸惑いを感じたりする。

まず、日本の普段の生活では滅多にしない握手だが、ここに来てから急にその回数が多くなった。相手は男女を問わないし、年齢も気にしない。いつも初対面の相手とは限らず、親しみを感じるものにはこちらから進んで手を差し伸べるようになってしまった。もっともこれはアメリカでも、韓国でもそうだからなにもチェコに特有なことではない。

毎日触るのは、他人の手だけではない。日常生活で今までとはいささか違ったものに手を触れ、指先が触るようになった。しかもその動かし方が変わってきた。押したり引いたりするだけではなく、手首を回転させることが妙に多くなった気がする。

例えば、扉の把手。東京ではいわゆるレバーハンドルが多かったのが、ここではほとんどがシリンダーに変わり、しかも圧倒的に動きが重いものが多くなった。手首から先の回転が滅法増えた感じがする。

指先の使い方も今までと違ってきた。アチコチで押すプッシュボタンがやたらと増えた。しかも重くて複雑になった。例えば、玄関の扉の脇にある呼び鈴、時には便所の入口にもボタンがあったりする。ぼくのホテルのエレベーターの中の行き先ボタンは、片方の手で鍵を持って鍵穴に差し込んでから少し回転し、それと同時に行き先ボタンを押すものだから、そのためには両手で持つことは出来なくなる。ここでは軽く当てた小指の指先などで反応するものなどどこにもない。

水回りでも指先の動きも今までとは変わってきた。流しのシンクもそうだし、シャワーのバルブも違う。水洗トイレには「ウォシュレット」がついてないから、そこではいろんなボタンなど押さなくてよい。その代わり用便後の吐水の仕方は便器によっていろいろあってまちまちだ。さすがあのクサリ紐を引くのは見ないが、陶器のロータンクの上部についたボタンは押すのもあるし、逆に引っぱり上げるのもある。慣れるまで結構時間がかかった。手や指先にも記憶の力があってそれは、脳の判断なしで実行してしまうのだろう。

ウォシュレットといえばこれがついたトイレに、海外でお目にかかることは、ほとんどない。日本の国内ではこの自動トイレは常習化していて、前に立つと自動で便座が持ち上がったり終わるとゆっくり戻ったりするのもある。いつも便座を暖めたり、臭気を排気したり、温風で乾かしたりするのはどこでもお目にかかれる。日本におけるトイレ周りの自動化はこれから先、一体どこまで進むのだろうか。

たしかにこれは便利だし、健康にも良いのかもしれない。なぜなら、これに慣れ切ってしまい、それが急に使えなくなると急に不便を感じて、ひどいときは、そのあげくに便秘になってしまうことさえあるくらいだ。

しかし、不思議なことに、一旦そうした不便さになれてくると、そうした便利さがなくても、からだは十分やっていけることに気づく。頭のどこかで昔はもっとひどかったと記憶しているからなのかもしれない。

日本の日常生活の隅々を支配してしまった、こうした便利さは一体なんなのだろうか。それは今後もとどまることなくますます増してくるのか。それが文明の物差しなのか。一旦便利さに慣れきってしまうと反応が短絡化してしまって意識の介入がいらなくなる。その点では麻薬作用に似ているといえるが、実はこうした便利さから覚めることは実は難しいことではない。

いずれにせよこうした機会に、生活の便利さ、とりわけ指先の動きがもたらす便利さだけでも、今一度考え直してみるのも大切なことかもしれない。

「空間差」

知らない国を旅していて、いろいろ珍しい風物に接するのは楽しい。そこにある自然の景色はもちろん、そこに住む人々が織りなす生活の風景にも、関心がひきつけられる。そこにいろいろと面白いものを自分の目でみつけだすのが好きだ。その知らない土地の拡がりと、そこで展開される人間活動の関係みたいなものである。個々の住まいの佇まいからはじまって、表の庭や裏の庭の姿、家族と老人と子供、人の群れ具合とその大小の大きさ、それぞれの活動の姿、とりわけ農村での道具や人々の活動の風景など、そこの土地で織りなされる生活の断片をぼくが飽かずに眺め続けたいものである。

そうした生活の断片には何か「密度」みたいなものがあって、大とか小または、濃いとか薄いとかの違いで言い表されるのではないか。土地の一定の大きさ当たりの人間活動の密度を一番明快にするのが人口密度のようなドライな数字に置き換えてみることだろう。確かにいろいろなことを知る手掛りを与えてくれる。しかし、まず自分の感性に訴えるのは、そうした冷たい事実とはちょっと違って、いわば、もっと暖かみのあるものなのだ。その土地の人間の営みを、人間の頭数といった数量だけにではなく、いろいろな動きをともなった生活活動の風景で見たいからだ。考現学的な見方が一番当たっているといって良いだろう。

チェコで生活をはじめた時、ぼくの目をうばったものは、そうした人間の活動風景の密度が、いままでぼくが生活していたどこの土地よりも確かに低いと感じたことだった。都市を離れて地方を旅しても、その印象は変わらなかった。なにより人が少ないし、密度は低い。しかし不思議と人の気配のようなものが至る処に感じられる。そんな奇妙な風景であった。

この国の拡がりは日本の北海道より幾分小さい。北海道の八万三千平方キロに対して七万九千平方キロ。そこに東京の一二〇〇万人より少ない一〇〇〇万あまりの人間が住んでいる。人口密度でみると、いささか乱暴だが、東京都の総人口が北海道に住むようなものだ。しかしこの小さな国には、人の住めない山岳部分はあまりないから、国土全域に生活の息吹が隈無く広がっている。つまり、どこに行っても人間の生活活動が風景化しているのだ。（北海道では高い山や深い谷など人の住めない環境がかなり支配する。）

この国の都市には、人の住まいがもたらすエネルギーがある。日本の大都市と比べて都市全体は小さいが、一人当たりの居住部分がかなり大きな印象を与える。住まいだけではない。道路や公園緑地といった公共スペースもそうだし、役所や学校病院のような公共の空間もそうなのだ。つまり都市の人口密度が低いということは、逆に都市の一人ひとりの占有部分が大きくなる。しかも隙間が大きいから、動きに落着きが生まれ、余裕が伺われる。

こうした現象は、もともと人口密度が低いという事実によってもたらされたものだ。逆にみるとこれは、一人当りの占有する生活の空間が大きいとみることはできないか。それを一人当たりの空間量でみると、日本のそれとは比べようもないほど、大きいと感じられるのだ。しかも歴史がもたらした空間の質が現代に保たれている。逆に密度の高い日本の都市では一人ひとりが占有できる空間量が少ないし、その質も随分と問題があるようだ。

現在のこの国の経済指数はまだまだ低いにもかかわらず、そうした生活のための空間の量ははるかに裕福と見るのは誤りだろうか。国の豊かさを測る物差しの陰にこうした生活のための空間量はしばしば見落されてきた。それは金を単位にした経済指数ではなく、いわば社会指数に属するものなのだろう。これは一体どういう単位で測定したら適切なのだろうか。

三カ月を越える長い期間の滞在を終えてまた初夏の東京の日常生活に戻った。

僕の感性を何よりも揺るがしたのは、時間差よりもむしろこうした空間の誤差（それをぼくは「空間差」と呼んでいる）というべきものだった。

時間差は長くても一週間を待たずに克服できたが、この空間差は一体いつまで続くのだろうか。ぼくの体内に宿る空間の探知機はなかなか元に戻ってくれない。

歴史的遺産

大げさに云えば、ここの国はいたる所に歴史的遺産で溢れている。とりわけユネスコの世界遺産（World Heritage）の指定を受けた遺産の点数は、ヨーロッパの他の国と同様に相当なもののようだ。日本でも世界遺産があるようだが、日本の場合は文化的なものよりも、かけがえのない自然遺産の方が多いらしい。

その世界文化遺産の指定を数多く受けているチェコの南一帯を旅したことがある。チェコの南西部に広がるこの一帯はボヘミヤの中心部だ。初夏ということもあって、何処へ行ってもツーリストで溢れていた。バスで押し掛け下車すると、グループに分けられ、笑顔のガイドが声高に説明して歩くというパターンは世界中どこの観光地でも同じだ。地元にしてみればこれはまさに過去の遺産がその土地の活性化を促す産業資源となり、大変有難い出来事に違いない。

そのせいか、こうした町ではよく改修工事をみかけた。現場に告示されている工事案内をみると、それらの工事資金は地元の自治体というよりむしろ欧州共同市場とか、世界銀行のような大きな組織から調達されているように見受けられた。世界遺産そのものがユネスコの肝入りなのだからそれもあり得るだろう。綺麗に改修が施された後、町は今後さらにより多くの観光客を迎え入れることになっていくのだろう。

しかし、それが果たして地元民にとって良いことだらけなのかというと疑問が残る。今のような観光活動は一体いつまで続くことだろうか。

昔、一九五〇年代からすでに余暇の問題が社会化していて、余暇産業が経済的にその価値を顧みられてきた。生産性に向けられた労働力に余裕が生まれ、消費としての自由時間とか余暇が社会的な価値を高めたのだ。合理化運動の挙げ句に生産が

大量化すればするほど消費も大量化し、そのうちでも観光は交通、通信、宿泊などを複合化して大量消費を約束した訳だ。

しかも最近の情報化した社会はその傾向をますます強めてとどまるところを知らない。情報の同時性や即時性、それに加えて移動の効率化がますますグローバルな観光客のドラマを大々的に展開させている。そして、観光のなかでも歴史的遺産とりわけ文化遺産へのあこがれは大変なもののようだ。

ところでこの遺産(Heritage)って一体なんなのだろうか。歴史的遺産をめぐる旅は本当に歴史に埋もれた過去の文化を呼び起こしてくれるのだろうか。明らかにそれは本やテレビなどのメディアよりも優れた臨場感を与えてくれるのは確かだろう。どんなに映像のもたらすイメージが大量に消費されてもこの現実の再生産性には太刀打ちできないだろう。

昔、アメリカの大学で建築の歴史を専門に教えるS.ギーディオンというアーストリア人のセミナーに一年間通ったことがある。彼の言葉を思い起こした。

「Heritageよりむしろ大切なのはTraditionである。つまりもともと眼に訴えるものではなく伝統を重んじる心の問題こそ大切なのだ。もの自体は歴史に残らない。伝統を重んじる心こそ受け継がれるべきなのだ。」こういうのが彼の持論だった。大変印象に残る視点だった、

とすれば、ユネスコ指定の世界遺産を尋ね歩いた挙げ句に、われわれはどこまで伝統を受け継ぐ心を養われるのだろうか。

「先人の求めたるところを求めよ」(花伝書/木阿弥)というのが煎じ詰めれば、日本の心の文化を代表する。結果として、歴史的遺産を過去の出来事として現実世界のものの世界にあまり残さなかったこの日本には、たとえ文化的な世界遺産をあまり数えなくても、実は伝統を重んじる大変柔軟性に富んだ心が本来的に支配していたのではなかろうか。

現代建築　グランプリ・二〇〇五

ここに住み始めて、なかなか新しい建物にお目にかからないと思っていたちょうどその矢先、チェコ建築家協会から毎年開かれる作品審査会の審査員をやらないかという誘いを受けた。

毎年この国で実現した建築を審査して、その年の「グランプリ」受賞作を決めるというのだ。パネルの審査と実物の現場検査を併せて五日間の予定で、審査員はチェコのみならず、スペイン、スロバキア、ドイツ、フィンランドからも参加するという。

ぼくはこのオファーを引き受けることにした。なにより現場に出かけられるというのは得難い経験ではないかと思われたからだ。確かこれに似たものには東京や横浜で何度か参加したことがあって、審査は並大抵でないことと予想されたが、ぼくにはそうした苦労より期待の方がはるかに大きかった。

作品審査会は、まだ冬の寒さが残る時期にプラハの会場を拠点にして始まった。国内各地の建築家が応募した作品パネルがほぼ一二〇点もあった。毎年ひらかれるこのコンペには昨年もほぼ同様の数の応募があったそうだ。それは今後も続くと予想されていた。建築、改装、都市計画、ランドスケープ等の部門に分かれていたが、やはり建築への応募数が一番多かった。

始めの三日間は先ず応募した全パネルを検討し、その結果一次的に選ばれた作品を現地で検証しようという意見に審査員全員が同意した。A1のサイズにまとめられたパネルを、一点一点全員で丁寧に見ることになった。日本では審査員の各自が先ずパネルに目を通し、その上で各自の評価を持ち寄り、それにもとづいて話し合いを進め、最後にはしばしば投票で決めるというのが一般的だった。しかし、ここ

では投票は一切なく各作品を前に初めて顔を合わせた審査員が激しく意見を交換した。だからそれはかなり時間を費やすことになってしまった。ぼくの予想をはるかに越えていた。

やがて、ぼくが期待していた現地審査が始まった。プラハからの作品も多かったが、それよりもチェコ第二の都市となるブルーノ（Brno）からの作品がはるかに多かった。この都市はオーストリアに近く、ウィーンとの関係が強かったようだ。アドロ・フロースももとはここの生まれだそうだ。またミースもここに作品を残し

上・審査風景　下・2006 年建築コンクール金賞

ていて、後日こうした先人たちの作品も見学する機会をもった。

現地審査の旅は可成り強行軍とはいえ、楽しかった。作品によっては建築家がそこに居合わせていろいろと案内してくれたりした。

最終的にはグランプリはプラハの集合住宅と決まったが、実はぼくが一番興味をもったのはむしろ新築のものより保存計画に応募した二つの作品だった。

一つは、プラハ城の内部の展示場に企画されたチャールズ四世の展覧会で、これはもともとニューヨークで開かれたものだ。照明を巧みに利用した見せ方が上手いと思った。そこに創られた内部の世界は、外部の古い建物と実によく対比されていて効果的だった。

もう一つはブルーノの中心部に現存する劇場のインテリア計画だった。ホワイエからはじまり、幾つかある劇場の内部まで改装されたものだ。外部の荒々しい古さと対比しながら、やや小技を生かした内部のデザインが生きていた。

いずれもここに存在する伝統と新しい創作との間には、云い知れぬ対決の跡が読みとれる。新築された建築にぼくはあまり感心させられなかった。まだまだ先が長いと思えた。しかし古いものとの対決のドラマのなかにこそ、ぼくが知らない建築の新しい次元が潜んでいるように思えてならなかった。

この古いものと新しいものの二元性こそが、今後チェコの現代建築が展開していく方向性を示しているように思える。

（この審査会結果の詳細はチェコの機関誌、Archiekt 04 2006 & 06 2006、または Grand Prix OBCE Architektu 2006 を参照）

風袋

長いフランスパンを小脇に抱えて石畳みを颯爽と歩く若い女性の姿には、何か甘い味覚を誘われる。ヨーロッパやアメリカの街角でしばしばお目にかかるこの姿を日本ではなかなか見かけない。長いパンはいつもそれ相応の紙袋に包まれてくるからだ。日本では、パンに限らず日頃口にする食べ物を裸のままで持ち歩くことはまずない。ケーキ等でも手掴みや手渡しを避け、大きなピンセットのような道具で摘んでそれを綺麗な袋に包んで持ち運ぶ。この「包む」というのは、実は日本人の生活の知恵で、古くから生活に根付いていた良い習慣である。

ここチェコで生活を始めていろいろと習慣の違いに戸惑うことが多い。たとえばスーパーなどの買い物客は、ほとんど自分たちが持参した買い物袋に買った品々をつめて持ち帰る。それが当たり前のようだ。初めの頃、ぼくは自分の袋を持たずに戸惑っていると、レジの女性が新しいビニール袋をくれて，その分の代金を上乗せした。つまり新しい買い物袋はここでは有料なのだ。日本でも最近そうしたレジ袋廃止の動きが高まっているようだが，ここの国ではそれがかなり以前から習慣化されていたのだろう。

一方、日本のスーパーでは、何もかもが種分けされ、それぞれが事前に包装されていて、時には過剰に包装されてしまっている。大方の店では、買ったものは全てレジでまた袋に包まれる。自分で好きな分だけとって、時には自分で目方を測ってその上で、購入するなんてことはなかなか出来なくなってしまった。

こうした店頭では、いわば風袋と正味の関係が無意味になって気にしないで良いわけだ。外形と中身があまり関係を無くしてしまって実態の姿が見えてこないのだ。そしてそれは商品に限らず、いろいろなものの世界に拡大している。

この風袋と正味の違いを人間のタイプでもいえるかも知れないと、ふとそんな思いに取り付かれた。人間の人格をモノに例えて二分するのはどうかと思うが、最近の人間模様にはそうして見た方がより適切に思えてくる

この知らない国に初めて住み始めた頃、周りの人間は、やけにぼくに冷たく、みな無表情にみえた。初めは遠く離れたところにきた外国人のせいなのか，とも感じた。しかし，しばらく生活してみてそうした無表情さは全く知らないものに対してだけではないことがだんだん判ってきた。実はお互いにそうなのだ。

近年まで、この社会がコミュニズムの支配を長く受けて引きずっていたからなのか。事実、この時代は、自由を制限されていて、そうした社会の全体的な規律をまもる有効な方法の一つが，内部告発だったという。その結果、知らない人に易々と笑顔を見せない、無表情な顔が社会にはびこったのかも知れない。知っている仲間同士ではもちろんそんなことはない。ぼくにもそれが見えてきた。

もちろん言葉がやや不自由でも、十分に意見を交わすことができる。そして、相手のパーソナリティが見えてくる。ことばの粉飾がないから本性がもっとストレートに読めるのだ。しばらく住み続けて気づいたことは、たとえ外見が無表情で粗野でも、中味の温かな人が意外に多いことだった。年寄りも若者もそうだ。

チェコに比べると日本で目につくものは外形が華々しく豊かだということだ。個々の建物の外形やら店の構えをはじめ乗り物の中や街を行き交う人々の服装など、外側の表情の世界が全て豊かに見える。それだけではない。人と交わすことばの修辞が多いのに煩わしさを感じる。さらに身体言語の異常な多様さにあきれるほどだ。あの表情の多彩さはいったい日本人の本来的なものなのだろうか。

こうした外形文化の華々しさは、一体どこまで日本人の本物の姿を映し出しているのだろうか。中味のない「風袋倒れ」にならなければ良いと思ったりする。

縄張り

昔、子供同志が集まると、よくこんなことをしたものだ。そこに居合わせたみんなに菓子などが与えられると、「こっちのモノは俺のもの、あっちのモノはお前のもの」といって歌いながら菓子をほぼ均等にわけてから、一つひとつわけ合って頬張ったものだ。しかし、なかに腕白モンがいると、それがそうはいかなくなった。その子は、「こっちのモノは俺のもの、そっちのモノも俺のもの」と叫んで他人の分を横取りした。菓子だけではない。玩具だとか、道の上に描かれた陣取り合戦などに興じるときには、中には必ずこうした欲張りな子が混じっていたものだった。

よく眺めてみると日本の都市の土地争いはこうした子供たちの遊びに似ていて、必ずといいっていいほど、自分の縄張りを主張し、あわよくばそれを少しでも増やしたいと願っている欲張りがいるようだ。なにしろ土地といえば、この国では何にも増して資産なのだから無理もない。もとはと言えば、我田引水といった農耕生活の意識の流れを今に引きずっているのかもしれない。

雪が解け、春が訪れてからチェコの田舎を自動車であちこち旅してみて、その緑の豊かさを十分満喫することができた。さすが「ヨーロッパの庭」と呼ばれるだけあって、この国の大地の起伏は豊かで、緑が濃い。南に行くと、それに人工的につくられたという大きな水面も混じって変化に富んでいる。そして間断なく町が現れまた消えていく。その風景のシークエンスがとても心地よい。

日本の田舎の風景と何かが違うと気づくのにそれほど時間がかからなかった。

そうだ、ここでは土地の囲いがないのだ。塀が見当たらない。だからこうした土地はみないまだに国有地だと思っていた。共産主義支配から脱してまだそれほど時間が経っていないから，そう思うのは当然だった。

だから連れのチェコ人に繰り返し尋ねたぼくの問いは、「この土地の持ち主は?」とか「これは国有地?」と聞くことだった。ぼくの思い込みに念を押すためだったのだ。

しかし彼の、答えはほとんどぼくの期待を裏切って、誰の所有地なのかなどはほとんど知らないどころか、そんなことを全然気にしていないのだ。彼が確信を持ってこれは国有地と答えたものはほとんどなかった。それは彼に取ってあまり重要な問いではなかったのだろう。

もしこれらが民有地なら，何故垣根とか柵や塀で自分の土地を囲わないのだろうか。それがぼくの次の質問だった。彼はしかし怪訝そうな顔で「何故囲いが必要なんだ?」と逆に尋ねてきた。自分の土地を何らかの塀で囲ってそれをまもるというのはぼくらの常識となっている。事実、日本では昔から「縄張り」というではないか。

彼の説明を要約するとこういうことのようだ。

自分の土地をまもるために、つまり縄張りをはっきりさせるために、囲いをつくるなんていうことはこの国ではほとんど見ない。もし、なにかの囲いがあるとすればそれは家畜が逃げ出さないためのものだ。だから街道沿いに車をとめ、たとえその土地の持ち主が誰であれ、好きな土地があればそこに入って寝転がって一服してもいいし、弁当を広げても持ち主は何も言わない。もちろん、そこの土地からなにか、たとえばそこに生えてる木の実だとか、花だとか，土地に置いてある農機具だとかを持ち去ることは許されない。

縄張りがないことは、土地の安いこの国だけの特典ではないのだ。それは、明らかに土地は元来皆んなのものだということを改めて思い知らせてくれる。

日本でも、登記簿まで書き換えなくてもいいから、自分の土地に張り巡らせた、縄張りの縄をもう一度取り除いてみることは出来ないのだろうか。所有のかたちと利用の仕方が違っていても良いわけだ。人間の営みに、いろいろと新しい風景が見えてくるはずなのだが。

学生たち

今まで、世界のアチコチの大学で建築を学習する若者に出会ってきた。そうしたぼくの経験を知ってか、新しく訪ねた学校でよく聞かれる質問は、「ここの学生は他とくらべてどうですか?」もちろん、こう尋ねるのは主に先生たちだが、たまには学生には聞かれることもある。

正直に答えようと思う。そのために今までの経験を振り返ってみる。

日本では、四〇年間も専任教師をしていた東京の学校以外にも、北海道から九州までアチコチの大学で、個別講義や短期課題などで学生たちとつきあってきた。まずそこから振り返る。結果としていえることは、ぼくにはあまり地域の差などが見えてこないということだ。日本国内どこに出かけていっても、学生たちは内向きに落ち着いていた。時には、落ち着きすぎているという印象をもっている。ぼくの限られた経験から、アメリカの学生たちと比較してみると、とくにそれを強く感じる。

日本の学生と比較すると、アメリカの学生は激しく自分を表現する。そのために彼らはみな雄弁でことばの数が多い。その昔、ドイツからアメリカに渡ったグロピウスは「アメリカで良い先生は、良い聞き手でなければならない」と仲間に漏らしていたそうだが、これは実にいい得て妙である。

作品の制作過程でも学生たちはよく自己表現を怠らない。己の考えの正当性を主張する。ましてや、完成した作品を説明する際には学生たちは大変に雄弁な役者となる。おそらく、それはあのREVIEWとかJURYと名付けられた作品発表の形式に由来しているのだろうとぼくは察している。

ぼく自身が日本で学んでいた頃には、こんな発表の機会など一度も与えられなか

ったものだ。せいぜい卒業論文のときには、五分位のわずかな時間を使って論文の要旨をこちらから伝える機会が許されただけだった。こうした作品の発表形式には、「講評会」などといった名がついて、日本でも最近になって一般化したようだが、こうしたアメリカ方式を日本で採用し始めたのは、ぼくが教えていた、学校(武蔵野美術大学)ではなかったかと思う。ハーバードで学んだ経験をもつ故芦原義信氏が主任を勤めていたこの学校が、六〇年代に初めてJURY/REVIEWを始めた。一クラス四〇人と限られた学生の数がそれを可能にした。クラスの全員に機会を与えたが、最初の頃は学生の側にも教師の方に、いろいろと戸惑いもあったようだ。

Reviewの最中にも学生には発言の機会が与えられる。しかし、アメリカでは往々にして、評者を勤める教師たちの間のやり取りに始終してしまうことが多かったようだ。そうなると、普段はあれほど雄弁な学生たちは黙して聴衆となってしまうから不思議だ。もちろん例外もある。自分の作品の正当性をはげしく自己弁護して他の学生の同意を挙手で求めたりするものもいた。また普段はスタジオでは見かけないのに声高に発言すると思ったら、他学部の学生が混じっていたこともあった。

しかしやはり講評会は学生の作品が裁かれる場所なのだという先入感がいずれの学校でもつきまとっていたようだ。もともとJURYは法廷での陪審員の意味だ。だからそうしたことに反発してか、REVIEWと呼ばれる機会が増えてきたようである。

いずれにせよ、講評会での発表は与えられた時間内で、自分の作品を要領よく説明するものだ。アメリカでぼくが学生のときに、人より見劣りする図面を提示して、延々と語り尽くす英国からの留学生がいて、顰蹙を買ったのをいまだに記憶している。反対に何一つ語らず持ち込んだテープで音楽を流したものもいた。また与えられた時間では自分の作品は到底語り尽くせないからもっと時間をもらわないと発表出来ないと拒否するものもいた。これらは全く例外で一般には世界のどこの国の学校でも、作品に自信のある者の説明は要領を得ていて簡潔だ。逆に見ると、未完のものや作品に自信のない者の説明は長い言葉が空回りして要領を得ない。

TUL（リベレッツ）工科大学の学生たち

Review 風景

これが世界の学校に共通した傾向ではなかろうか。とすれば同じ建築を学ぶ学生には、国や地域や文化の差よりもこうした個人差のほうがはるかに大きいとぼくはみている。

TUL（リベレッツ）工科大学

ことば

ぼくの母国語は日本語でそれ以外に使えることばは英語である。アメリカの学校に三年通ったのだからそれは当たり前と云えばそれまでだが、それは決してネイティブではない。だから普段使うことばに不自由を感じるし、その感じはなかなか無くならないものだ。

アメリカやカナダの大学で学生たちと付き合い、時にはセミナーやレクチャーをする機会があたえられた。長く教えていたアメリカの学校で、ぼくの英語をTakeyamese と呼ぶのがでてきた。ぼくが使う単語に独特な比喩が多くて、時にはそれがなかなか理解できないということらしい。しかし、ぼく自身はどうすることも出来ない。自分の出来る範囲で自分のことばを使わざるを得ないのだ。

チェコの学校で、ぼくのスタジオを選択した学生たちはみな英語ができたから、ぼくのことばは相変わらず英語だった。ちなみに彼らの両親たちは、ロシア語が出来ても、英語を理解する人は少ない。

究極のところ大切なのはことばではなく思考のパターンなのだ。いつの頃からかそう信じるようになってきた。

ひとに知らされて気がついたのだが、ぼくが好んで使いたがる言葉の一つにAbduction というのがある。Abduction を使ったのはアメリカの大学で学生たちと意見を交わしたときからだった。建築家の特徴的な思考のパターンを説明するのに的確だと考えたからだ。

簡単に説明すると、それは Induction でも Deduction でもなく、しかしその何れのパターンも含む方法だと考えていた。もともと Induction と Deduction はやや対比的に使わる。論理学とか数学では帰納法と演繹法と呼んでいる。それらを解説す

るといささかややこしくなってしまうのだが、「第三世代の学問」（竹内均・上山春平）という本で著者はこう説明していて何か分った気にさせてくれる。

INDUCTION: case-result-rule（小前提—結論—大前提）

DEDUCTION:rule-case-result（大前提—小前提—結論）

それに対して、abduction はそのずれの方法論も持ちながら、なおその何れでもないという。「仮説構成のプロセス」でいわば「ご都合主義」の思考展開だ。アリストテレスがすでにこの語を使っていたともいう。

ABDUCTION: result-rule-case（結論—大前提—小前提）

われわれの思考は概念の連鎖で展開する。とりわけ構想をめぐらす段階では、ことばが中心といえる。大脳辺縁部に眠ることばの作用に頼る。しかし、われわれの思考は結果的には視覚に訴える別のことば（非言語的言語）に転換されねばならない。そこでは概念よりむしろイメージである。概念作用では明確な方法論が必要にして有効なのだが、イメージ操作の段階ではそうした明快な方法論は消失してしまって、時には感覚的で、直感力が幅を利かせ、時にはマジカルで、さらに不条理な展開になる。

ここでは概念とイメージが対立するということだ。恐らくわれわれの大脳の機能でもその分担領域が違っているのではないかと思われる。

Induction と Deduction とはいずれも段階的な展開を見せる。一つの問題処理がすむと次の段階に進むことができる。しかし、abduction はそうではない。展開は段階的ではないということだ。一方が終わり、やがて片方の方法が現れるといった順序などない。初めからイメージが、ほかの何にもましてより重要になることもあるし、そうではなく、いろいろな与条件の整理のすえに形が出現してくる場合もあるからだ。「仮定」はそうした操作の一つに過ぎない。せっかくある段階まできたのに、それまでの解決やそれに向けた努力を一切捨てて、初めに戻ることさえあるのだ。

こうした思考法にどんな呼び名が良いか、いろいろ思案した挙げ句に、ぼくが選んだ呼び名が abduction だった。日本語ではまだ適切なことばをみつけだせない。思考過程が直線的でなく、時には元に戻って、ときどき元の木阿弥になったりするから、そうしたパターンを「円環法」と呼べないかとも考えたりした。

ところで北朝鮮の拉致問題がこちらの新聞でも取り上げられ、人権問題のトップニュースに扱われるようになった。そうした記事では「拉致」を abduction と表現することが多い。ぼくは自分が使う abduction をとても「拉致」と訳す気にはなれない。

夢

この国では、どこに行っても建築物は古いものばかりという感じがしていた。町でも田舎でも、新しい建物にはなかなか出くわさない。ましてや，新しくて面白いものなど滅多にない。

そのくせ、ここで建築を学ぶ学生たちの作品を見ると、彼らの多くは驚くほど新しいものを志向している。一体この現実世界とのギャップをどう理解すれば良いのだろうか。

そんなときフト気づいた。もう半世紀も昔の話になるが、ぼく自身が昔建築を学んだときにも、何か同じようなことがあったのだ。ぼくらがつくろうとしたものは、ことごとくこの世に現に存在しない新しいものばかりだったのである。

その当時、ぼくらの周りに展開する現実の世界は、戦後のどさくさからまだ回復する以前だったからやむを得なかった。バラック文化の中に、ばくらは皆未だ見もしない世界を志向して、そこにユートピアを描きたかったのだ。

とすれば、ここチェコの学生たちも同じなのだろうか。

たとえ古いとは言え彼らの周りには、まだまだ使える十分な歴史の遺産がふんだんに存在しているではないか。記憶は生活の栄養剤だという。変化に溢れた過去の記憶を封印したような古い建物に恵まれ、学生たちは彼らの生活の栄養分を十分与えられているのではないか。

こうした遺産に彼らは飽き足らないのだろうか。これだけのものがあれば、なにも新しい建築など必要ないようにさえ思えるくらいだ。

むかしぼくらの日常には記憶を封印した建築などはほとんどなかった。だからぼくらは現実に実在しない、いわば非存在化したものの世界にまだ見ぬ夢を描いたの

だ。そのために歴史の遺産を顧みるよりも、むしろ世界の情報を限られたメディアを通してかき集めたものだ。

それにひきかえ、ここの国の学生たちにとって、記憶をそのまま形にした建物がいたるところに存在する。ぼくらは栄養失調だったけれど、彼らはむしろ栄養過多ではないのだろうか。この違いはなにを意味するのだろうか。

建築を創造する個人の心は尽きるところ「夢」を志向する。建築が社会の文化財であって、建築家の思考の社会性がいくら強く問われても，こうした夢の追求には変わりがない。夢を形として視覚化しそれをさらに、実体化するためにこそ社会を取り込んだ多様な努力が必要になってくる。周りに並べ立てられる場合もあるし、全然栄養剤が与えられず、各人のファンタジーを手がかりにしてしか夢を見ることができない場合もあるだろう。方法は何れでも良い。ようするに夢をどう描くかが問題なのだ。そして夢とはもともとこの世の現実とは違った次元の世界に属するものなのだ。

彼らは、古いモノだらけのなかで、それらを否定してまだ見ぬ夢を描こうとしている。とはいえ、そうした古いものが彼らに栄養を与えていることは確かなはずだ。その昔、ぼくらは栄養剤など何ももたなかった。

状況から、ときには栄養不足になって体力が続かない危険はあったけれども、先見性を夢にする努力を惜しまなかった。

ぼくらも、彼らも状況の違いはあれ、ある意味では創造の志向性を同じにしているといえなくはないのだろう。

豊かさ

フランスを訪ねた外国人観光客のなかで「日本人が一番金持ちだ」というインターネットのニュースを目にした。二〇〇五年のことだった。

それによると、この国への外国人観光客は前年より一・二パーセント増加していて、この年は約七六〇〇万人がやってきて、三四〇億ユーロ（日本円で約五兆円）の金を落としたそうだ。これを国別の一人当たり一日平均出費で見ると、日本人が二〇四・八ユーロ（約三万円）で一位、二番目のアメリカ人が一六二・三ユーロ、三番目はスイスで一五八・〇ユーロという数字が添えられてあった。ヨーロッパ人の平均出費は五〇・二ユーロというから、日本人の四分の一位にしかならない。

一日三万円を、同じヨーロッパのこの国でぼくが使うと想像してみた。一口にいって、そんな大金をここでぼくは使い切れないくらいだ。第一、夕食だって一〇〇〇円を払えば十分だし、交通費だって驚くほど安い。一日三万円というのは、この国では大変な数字だと思えたのだ。

この国に来てから、ぼくが日本人だと知ると、特にぼくを知らない人はほぼ決まった反応をみせる。それは彼らが知っている日本と日本人の先入観にもとづくものなのだろう。戦後の復興から始まり、技術先進国にまで至ったことは大体皆が指摘する。日本人の勤勉さだとか真面目さなどといった特性もポジティブな気質として彼らの頭に刻印されているようだ。そうした定型化した日本や日本人のイメージに、いつの頃からか「金持ち」が加わったようだ。フランスの統計に表れた日本人観光客の金遣いの大きさは、まんざら誤りではないのかもしれない。

昔、ぼくが初めてアメリカに渡った一九五〇年代後半とは大違いだ。その時のアメリカで、彼らが敗北に追いやった日本という国が、正確にどこにあるかを知らな

リベレッツ市内のアーケード

い人が意外と多いのを知って驚いたものだ。まぎれもなく日本は遠くて貧しい国だったのだ。

現代の若者はどうか。その昔、貧しさと戦った日本の若者たちは、今やリッチさとの戦いが続いているようだ。彼らの身の回りに豊かなものが溢れているように見える。

毎日顔を合わせるこの国の学生たちに、彼らの懐具合を思い切って尋ねてみた。毎日の小遣いは、日本の学生たちとは比べものにならないくらいほど少ない。さらに彼らの衣服や所持品や身の回り品なども貧しいものが多い。ほとんど金目のものは目に付かない。

しかし、彼らの毎日の生活には金があまりかからないようだ。第一授業料は無料だし、食事付きの学生寮もそれほどの金額ではない。長期休暇の間のアルバイトで賄えるそうだ。あとは毎日の小遣いで賄う、食費も交通費も日本と比べると信じがたいほど安い。休み中のアルバイトがもたらす別途収入で準備さえしておけば、やっていける。その結果として彼らは毎日の生活で、あまり金をくよくよしないですませるのが大半のようだ。ほとんど多くが親の脛をかじらないと大学生生活を送れない日本とは全然違う。

確かに日本人は大変な金持ちになってしまった。毎日の生活が金銭感覚で溢れている。公定歩合をはじめ、預金利息や株価など毎日、金の情報に目を見張らないと何か非常に損をするみたいな状況なのだ。出費にしても、知恵が問われる。例えば電話一本かけるのにもいろいろな選択があってそれを知らないと損をするから、たえず目を見張らなければならない。

毎日の生活がこうした金銭感覚から解放されることが、実は心の「豊かさ」を約束してくれる条件なのかも知れない。ここの若者に公定歩合や銀行利息を聞いても、答えられるものはほとんどいなかった。彼らはまだ自由主義経済圏の外にいるのだろうか。それとも日本のわれわれの方が自由なのか。

経済統計を見るまでもなく現代の日本人が「金持ち」になったのは確かなようだが、それと本当の「豊かさ」の間にはまだ相当なギャップがあるように感じられる。

イステッド塔

ここの学校でぼくのデザイン・スタジオを選択した学生たちに、幾つかデザイン課題を用意した。数週間に及ぶものもあったが、なかには二四時間プログラムで、出題された翌日には提出するという慌ただしいものもあった。

これは昔、香港の大学で教えていたとき、そこでしばしば実行されていたもので、中国人の学生たちはそうした課題になれていた。実践の場で直感力がいかに大切かを学習するのが目的だった。しかしこちらが寝ているとき、学生が仕事をしていると思うとオチオチ寝る気にもなれなかった。チェコの学生たちにはこれはいささか乱暴かと案じたが、心配をよそに翌日には全員が作品を提出した。

この二四時間課題にぼくが選んだのが、この町のどこからでも見えるテレビタワー「イステッド塔」(Jested)に関するものだった。

この町の南西部には折り重なるように山々が広がり、その一帯がイステッドと呼ばれている。そこの山頂からはドイツやポーランドまで見渡せて眺望が良い。そこに前世紀から何度かホテルが建てられ、それが火事で焼けたりしてきた。最後の建物が火事で焼失した後、その時代に必要となったテレビアンテナを併設したホテルの再建が求められ、それを一一人のチェコ建築家を招いた指名コンペ(一九六二年)で決めたそうだ。その頃すでに実績が認められていた建築家ヒュベチェック(Karel Hubacek)の案が選ばれた。着工が一九六六年で、完成が一九七七年というからこの塔はまさに共産主義支配の時代を生き延びた歴史の証人でもあった。

館内には当時のコンペに応募したすべての案が陳列されている。他のすべての案はホテルとテレビ塔を二棟に分けたのに対し、この当選案は一棟にまとめて九〇メートルの塔にしたものだった。その方が険しい山頂の限られた土地を効率よく利用

出来ると判断したのだろう。

実現に向けて建築家は、その時代の最も先端的な構造方式や材料を選択した。（事実一九六九年にはオーギュスト・ペレ賞（UIA）が与えられた。）さらにホテル客室やレストランのインテリア、家具や照明器具などにそれぞれ専門のデザイナーの協力を求めた。それらは原形のまま、いまでもメンテナンスがよく行き届いている。

冬の間一帯は人気のスキー場になる。プラハから北に向かってこの辺りに来ると、前方に広がる山並みのなかにこのランドマークの塔が一際目立って見えてくる。当然リベレッツの街中のほとんどどこからでもこの塔がよく見える。この塔のことを

イステッド塔

四季折々のイステッド塔

チェコの人々は誰でも知っている。一口にこれはチェコのシンボルなのだ。

ぼくの課題はこうした塔についてあらためて学生に問い正すものだった。

「この塔は君たちに何を訴えているか。これがシンボルだとすると、これは一体なにを象徴していると思うか。」

二四時間がたって翌日の午後、学生たちの寝不足だが元気な顔が揃い、かれらの作品群がスタジオの大きなパネルに掲示された。

作品を前にして熱っぽく説明するすべての学生たちの話しを聞き終えた時はもう夕闇の迫る頃だった。この短期課題を皆楽しんだように思えて安心した。それぞれの考えにぼくの興味が尽きなかった。彼らに共通していたのは、ユーモアの感覚だ。それがそれぞれに表現を変えながらいずれにも前向きの考えが色濃くにじみ出ていた。ある時代の温度のなかで建築家の創造力がつくりあげた建築のことばは、その意味を拡大しつつ、こうして歴史のなかを経過していくのだろう。ぼくはそうした建築のことばの宿命のようなものを感じていた。

夜になってみんなで町のレストランに繰り出した。そこは現地で採れたジャガイモをいろいろ料理してくれるところで、どれを食べてもビールとの取り合いが絶妙だった。誰かがビール瓶にナプキンをあしらって課題の塔の形をつくり、室内にみんなの明るい笑い声が響きわたった。

窓の外には照明に浮かび上がった山頂のイステッド塔が暗い夜空の遠くにキラキラ光っていた。

スコメル教授

ぼくは三月にチェコに入った。真冬のプラハの空港に降り立ったときは，覚悟をしていたとはいえ、さすがの寒さだった。この寒さを見込んで数年前にニューヨークで買い求めた長い防寒コートで、全身を覆っていたが、それでも寒さが全身を硬直させるほどに感じられた。

空港ではこれから世話になる学校の教授が、僕を温かい笑顔で待っていてくれた。口数の少なく物静かな人だなという印象を受けた。事実，空港から行き先のリベレッツまでの約一時間は、ドライブ中とはいえ、あまり話をしなかった。そのくせ彼の運転は意外に速くて、しかも追い越しなどは大胆だった。彼はいつも笑顔を絶やさず、そこから親しみ深さを感じとることができた。

アメリカのミシガン大学で教えた経験があるということで、彼の英語にはチェコ人独特の訛りがなかった。周辺の風景がアメリカの中西部に似ているとぼくが指摘したら、教授は昔の経験を懐かしみながら、笑顔で同意した。

北に近づくにつれ、平らな道に起伏が増え、周りの山々の風景がだんだん近くに迫り、雪が深まりを増してきて、いつの間にか風景が真白に変わっていった。

リベレッツに着いて、ホテルに入る前に、彼は街の中心部のあちこちを運転して街の要所を車の中から案内しくれた。そして池の畔にあるレストランで一服した。池は白く氷で覆われていてそれを見ながら、鮭の薫製入りのサラダを食べながら歓迎のワインをいただいた。

これがスコメル教授との出会いだった。

翌日学校では、学生たちがすでに作業に入っている作品の講評会が予定されていて、それが学生との最初の出会いの日だった。クラスを始める前に何処からともな

くスコメル教授が現れて、ぼくを学生たちに紹介してくれた。ぼくの講演会のときと、展覧会のオープニングのときもそうだったが、ぼく自身が感激するほど要領をえた紹介の言葉だった。

この学科は一〇年前にこの学校に開設されたと聞いたが、彼は主任教授の任期を二回勤め、その座を別の教授に譲ったそうだ。

時間とともにぼくの滞在も落ち着きをみせ、それとともに、この国に抱くぼくの関心が膨らんでいった。それを見透かすかのように、教授は僕を地方へのドライブに何度か誘ってくれた。

最初はプラハまでの日帰りだった。イステッド（JESTED）塔を記念する展覧会だった。その会場で、この作品を手がけた建築家をはじめ、会場に来た地元の人物

スコメル教授

に紹介してくれた。

二度目は西の地方への旅だった。Sloupをはじめいろいろな地方都市の広場や建築を見て歩いた。昼食と晩飯を二人で一緒に味わった。車の中とか食卓で様々な話題に花が咲いた。世代が近いせいか、話がよくかみ合った。そう感じたのは僕だけではなく、彼もそう思ったに違いない。

三度目は南チェコで今度は二泊三日の本格的なドライブだった。これはなんと一部始終ぼくのために企画されたもので、全走行距離の合計が七〇〇キロを超えるものだった。

この旅では、彼は事前にコースを明記した地図を何枚か当日までに用意してくれて、ぼくには大変有益な資料になった。それに加えて、時間刻みに作られた時間割(itinerary)が作成されていた。彼はなんとこの旅行のために三日間を丸ごとぼくのために割いたことになる。実に得難い経験を楽しむことが出来た。ボヘミヤの中心部に当たるこの地方で目にした春の風景が実に忘れがたく印象的だった。

三カ月以上にわたる滞在を終え、いよいよ帰国の日、彼は愛用の車(シトロエンPiccaso)で約束の時刻きっかりにホテルの玄関に迎えに来てくれた。彼は先週末に北フランスの学生ワークショップに参加して車で三〇〇〇キロも走ってきたそうだ。実に驚くべき移動量だというほかはない。

プラハ空港までのハイウェイは緑一面で春の真っ盛りだった。相変わらず速い運転だったが，彼の口数は少なかった。そして彼の明るい笑顔は本物だった。

飛行場で再会を願って彼と別れた。なぜか目頭が熱くなった気がした。彼の姿が視野から消えるまでぼくは手を振り、かれも手を振り返していた。ちょうど一二週間ここに滞在して、スコメル教授の親切な人柄はぼくに取って忘れがたいものになった。彼の親切はまさに「板についている」というべきだろう。日本の内外を問わず、長い人との付き合いの中で、こうした人間との出会いをぼくは今まであまり知らなかったことは確かだ。(Jiri Suchmel はイジ・スッコメルと発音する)

ボヘミヤ回遊

五月一二日から二泊三日の予定でスコメル教授の誘いでチェコの南、ボヘミヤの地方を巡り回った。

スコメル教授の申し出に、はじめはその強行軍ぶりに戸惑いを感じたが、この行程を終わった今、とても良かったという実感に溢れている。何より彼の献身的な親切に頭が下がる。こうしたことを自分一人で決行するなんて考えられない。さらにこの季節の恩恵に十分あずかることができた。そのおかげで予想以上のものを風景の中に嗅ぎ分けることができた。春と夏の境い目のこの季節に、菜の花が一斉に開花し、小刻みに変化する大地の起伏とともにまさに劇的な景観そのものを感じさせていた。

先ずは、彼が事前に作成して渡してくれた地図入りの日程表 itinerary にもとづいた実際の行程を記録しておこう。

一日目：二〇〇六年三月一二日（金）：走行距離：一九五キロメートル

Kutna Hora　ルネッサンス様式の教会／三つの黒い屋根形／以前みた教会と同じ建築家の修復 Tabor 昼食／広場に面したホテルのテラス

Jindrichuv Hradec　／周辺人工湖／水 Trebon 宿泊／広場に面したホテルに二泊：一六〇〇〇平方キロメートル周辺に人工の湖が展開／淡水魚のレストラン／夜食：鯉の唐揚げ／蚊が多い／広場に面した古いホテルに宿泊

二日目：二〇〇六年三月一三日（土）：走行距離：二〇五キロメートル

八時半出発／ホテルのレストランは九時から／食事なしで発つ／

Cesky Krumlovを目指す／途中の街Ceske Budejoviceのホテルでリッチな食事（ブランチ）：バイキングフルコース／Cesky Krumlov：すでに観光客で一杯／周辺は人工湖／坂の上に展開するルネサンスキャスル／ツアーに参加／庭園散策：回転輪外劇場／バロック劇場／一〇〇キロメートル離れたStavoviceを目指す／途中間違えてオーストリアとの国境地点までいく
Stavonice　ルネサンスの街並／典型的な間取り／天井の変化（あるレストランで見せてもらう）Trebonn　近くのレストランで食事（豚肉のシュニッツェル）
前日と同じホテルに宿泊

三日目：二〇〇六年三月一四日（日）走行距離：二九五キロメートル
帰りの行程の長さを考え八時出発。ルートを変えてTelcを目指す。全くの裏通りなので時々間違えながらも得難い街の生活風景に接する。
Telc　ユネスコ世界遺産／広場の街並（広場は工事中）／朝食：ハムサンド／シャトルを見学：外部のみ／Jiri Johnの個人展ギャラリー
Zelena Hora：ユンセスコ世界遺産／丘の上の五角形のシュライン／巡礼者の集まるところ／丁度ミサが始まるところ／街の中心では祭りとマーケット
Policka　城壁にくっ付いた小さな店で昼食（ソーセージ、新ジャガイモ、野菜サラダ：オイルとベニガ）Liromysl　ユンセスコ世界遺産／行程最後の拠点／ルネサンス・シャトル中庭と外部のも／隣接する教会の庭園が新しい、市民の憩いの風景／中央広場のアーケード／行程最後
帰路Suchomelが所有する小さな街の家を見る／彼が設計した劇場（一九三〇年初め）を見学。

帰路はHradek KraloveとJicinの二つの町を経由してLiberec到着は午後九時。
三日とも運良く天気に恵まれた。すべてが忘れがたい旅の経験だった。

広場に面したホテル

北海道

同じ北方圏に属し土地の大きさがやや似ているということから、ここに来て以来、ぼくは何かに付けてこの二つの土地を比較してしまう。ましてやぼくは札幌生まれで、そこで一八歳になるまで育ったからなおさらなのかもしれない。

この地に到着したときは三月だったからまだ冬の最中だった。でも寒さは一向に苦にならず、ぼくにはむしろ快適にさえ感じられた。寒さに備えた人々の服装、凍り付いて滑る路面、家々の屋根から危なく垂れ下がる氷柱、雪を冠った遠くの山々の景色もすべてが懐かしかった。外は寒いのに室内では暖かく過ごせる毎日の生活。それをぼくは堪能した。

五月に入ると、寒い冬から覚めて春の陽気が一帯に溢れ出した。雪が見る間に消え，あっという間に町中の樹木に新しい緑が芽生えだし、遠くの山々の雪も消えはじめ茶色の土面を見せ始めた。

数字で見るかぎり、北海道よりやや大きいこのチェコの国には東京と同じくらいの人口が分布しているとみることができる。何れも高北緯度に位置していて，その差は五度くらいしか違わないのだ。もちろん周辺の海流や陸地の違いが気象条件をかなり異なったものにしているのは確かだが、この二つの自然条件は互いに類似しているとみてもさほど誤りはないだろう。町の公園で目にする雑草や落葉の木々の姿が実によく似ている。こうした自然の風景を見て興奮しているうちに、ぼくは大変な相違にも気づき始めた。当然のことだが、そこに居住した人間とその歴史が圧倒的に違うのだ。そうした歴史の違いが町の景観に十分に解読できる。

チェコの現在の経済状況は、その住民の所得とか生産性などといった指数で見る限りまだあまり豊かな国ではない。おそらくヨーロッパのなかでも後ろの方に位置

しているようだ。まだ景気が回復しない北海道よりむしろ悪いくらいだろう。

しかし歴史がもたらした遺産とその遺産が現代にもたらした影響力は全然違う。ここでは一三世紀にはすでに国中の開発が行き届いていたし、その後、国力や国域がいろいろな展開を見せたにせよ、戦争、とりわけ二つの世界大戦は幸いにもこの国の環境をほとんど破壊しないですませた。その結果、現代でもなおチェコの全国土に、そうした根深い過去の文化遺産がいまだ息吹いている。そして人々の素朴ながら自律的な生活が色濃く伺われる。チェコに城が建設されていたこの頃、北海道は蝦夷地としてアイヌの文化が支配して、ほとんど日本の力が及ばぬ土地だったはずである。

北海道を旅するものはその自然の景観に圧倒される。日本列島の中でもかなり保全や保護が行き届いたここの自然環境は先見性を示すものだ。にもかかわらず、この地の都市と地方を旅した者は、その建築文化の貧しさに唖然とするだろう。「建物がなければもっとすばらしい環境」というレッテルを貼って率直な感想にした外国からの旅行者もいた。

明治以降、ここに造られた公共の建造物は当時ほとんど政府が指導したものだったから、それらは外来様式の移植の域を出なかった。そして、それらは何れも日本人の巧みな技で実現されていった。官僚王国が支配したこの土地の住民は、そのいわば和魂洋才の環境つくりに拒絶反応を示すこともないまま官主導の建設は続いていった。

今日、札幌を訪ねる多くの観光客の関心を集める建築物は、ほとんどそうした経緯の上で完成していったものだ。建築だけではない。この都市のデザインそれ自体にも何ら独創性を見ることはできない。すべてが生体移植の産物みたいなものであった。

アメリカから高い報酬でかき集められた技術者たちが、なかにはほとんど素人も

混じって、都市の道路や街区をレイアウトした。農業学校に雇われた校長も学生たちに英語教育を実践し、その能力を高めるために米食を禁じパン食を奨めたという。

この島の中心部で繰り広げられたこうした出来事は、やがて地方に波及していって、それが今日の姿につながっているとみていいだろう。すばらしい自然の環境のなかに、自信に溢れた人間生活をほとんど反映しない人工物がはびこってしまった。せめてもの救いはその人工化の度合いが少なくまだ押さえられている点だろう。

「建物がなければもっとすばらしい北海道」の生活環境はこうして出来上がったといっても言い過ぎではないだろう。チェコでみるような住民の素朴ながら自律性がみなぎった生活環境に伺えるようになるまで、一体あとどのくらい待たねばならないのだろうか。

北海道：77,981km^2／563万人／N41.20-45.33

チェコ：78,866km^2／1024万（130人／km^2）／N50

明日帰国　海が見たい！

三月初めからここに滞在していていよいよ明日帰国となった。

三カ月ほどの日時があっという間に過ぎ去ってしまった。

この間の季節の変化には今更ながら驚かされる。あの雪と寒さは、いつの間にか、消え去り、今はいたるところ緑一杯になっていろいろな花が咲き乱れている。なるほど、この国は「ヨーロッパの庭」と云われるだけあって、緑の景色が豊かで何処までも続く。ユッタリとした大地の起伏が景色に奥行きと遠近感をつくり、とりわけ遠くの景色が際立って見える。

加えて、緑色の濃淡が実に美しい。ところどころに真黄色の、恐らく菜の花畠があるでそこだけスポットライトを照射したように見えている。さらに、旅先で見たあの南ボヘミヤの一帯に広く展開する水面が何れも人工の池や湖だというから驚く。何れにせよ、こうした景色を眺めているといつまでも飽きることがない。

自然の風景を楽しみながら、一方で自分の身体の調子を振り返る。

ここに来てから体重が幾分減ったようだ。しかも下半身、とりわけ足の筋肉が落ち体力も落ちたような気もする。そのせいか階段を登ったり、凸凹の舗装の道を一歩一歩、注意深くあるくとき、足の筋肉の弱さを自覚させられる。これは食事のせいだ。妻が二週間前に参加してから、三度の食事のリズムを回復するまでは、食事は不摂生が続いていた。それが原因だろうか。

喫煙はとうとう止めることができなかった。「肺気腫」(COPD)を心配しながらも、それ以上に喫煙がもたらす「メリット」をなかなか諦めることができなかった。

明日いよいよチェコを発つ。

短い期間であったけれど、いろいろこれまでのことが思い返される。それと同時に、これからのことに思いを馳せる。ちょうど、これまでとこれからの谷間にいる訳だ。いままでの自分の人生でこうした谷間をぼくは何度かくぐり抜けた気がする。そんな時、前を向いて歩いていた歩みが、その歩みをちょっと止めて、足元に目線を落とす。そして今まで見落としていた意外な何かを発見したりしたものだ。

出発に備えて、身の回りの荷物をまとめる。重さは不明だが、ここに来たときと同じ大きさに納まった。スーツケースとハンドラゲージに梱包されたこれらの荷物を見て、不思議に思う。われわれの生活で一体何が必要で大切なのか。恐らくここに納まったものは必要最小限に近いものばかりだが、これでも生活が成り立つのだ。普段の生活ではそれに不必要なものが加わり、それらがマチマチに入り乱れて、ぼくの廻りに溢れている。普段の生活でものをもっと整理してみても、恐らく心の潤いは消失しないだろう。帰国したら早速それを実行してみようか。


長い滞在だった。正直に云って、このまま滞在を続けたい気持がまだまだなくならない。日本に帰りたくない気持が大きい。このままアッサリ日本に帰ってしまうより、まだまだここに長くいたいというこの気持は一体何なのだろう。日本でつまらぬ仕事に拘り、やや消沈した毎日を過ごすくらいなら、こちらで若い学生たちと建築を考えている方が実に楽しい。創造力を刺激してくれる。それが、もしかして何かをつくるきっかけになりそうだ。

緑の大地を抜けてきた風を今一度全身で味合う。この風は乾いているが、いろいろな香りを含んでいる。見えないけれどそれを肌で味わうことができる。そういえば長いこと海を見ていない自分に気づいた。豊かな緑の地平線の表情を見続けてきたぼくは、どこか空虚だが想像力をかき立てるあの青い水平線をムショウに見たいと今思っている。ぼくの身体がそこから吹き寄せる潮の香りを記憶している。

明日からは、また地平線も水平線も普段は滅多に見ることの出来ない東京の生活に戻ることになるのか。
そこで今度はどんな風がぼくの身体を吹き抜けていくのだろうか。

一旦帰国してからもう一度出直すか。どうやらそれが答えかな。
さてさて、東京で一体何が待ってるというのだ?
谷間か峠か　これまで&これから……。

竹山実（たけやま・みのる）
建築家、武蔵野美術大学名誉教授。1958年早稲田大学工科系大学院（建築計画）、1960年ハーバード大学院修士課程修了。1964年竹山実建築綜合研究所開設。1976年武蔵野美術大学教授。主な著書に、『街路の意味』（鹿島出版会／1977）、『ポストモダニズム』（C.ジェンクス著・翻訳、A+U／1978）、『建築のことば』（鹿島出版会／1984）、『竹山実建築録』（六耀社／2000）、『そうだ！建築をやろう』（彰国社／2003）、『ぼくの居場所』（インデックス／2005）など。主な作品に、「一番館」（1970）、「二番館」（1970）、「ペプシ工場」（1973）、「ホテルBT」（1974）、「アトリエ・インデイゴ」（1974）、「武蔵野美術大学10号館」（1981）、「味覚糖奈良工場」（1984）、「ルネッサンス」（1986）、「晴海客船ターミナル」（1991）、「横浜北部斎場」（2002）など。

◎写真撮影
藤塚光政（p20-21、p34、p39、p50上、p52）
古館克明（p30、p43、p48、p84-85）
新建築社（p18、p45）
竹山実（p10、p44、p50下、p72、p92-93）